U0543787

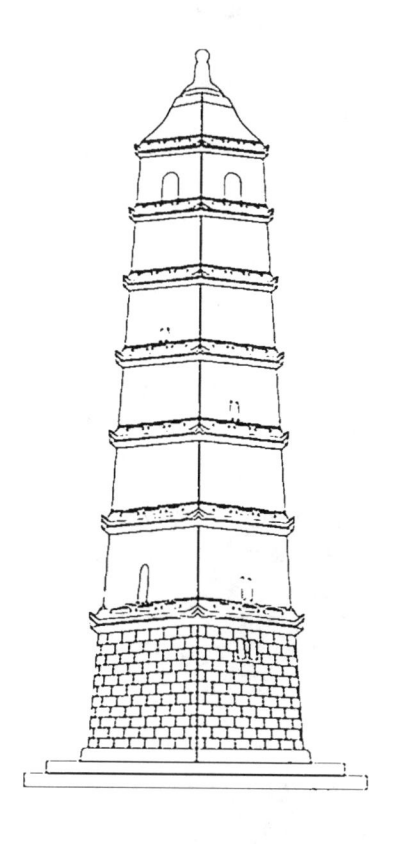

重庆古迹遗址寻踪

吴树才 编著

西南大学出版社
SWUP
国家一级出版社 全国百佳图书出版单位

图书在版编目(CIP)数据

重庆古迹遗址寻踪 / 吴树才编著. — 重庆：西南大学出版社，2023.10
ISBN 978-7-5697-2200-0

Ⅰ.①重… Ⅱ.①吴… Ⅲ.①文化遗迹-介绍-重庆 Ⅳ.①K872.719

中国国家版本馆CIP数据核字(2023)第255214号

重庆古迹遗址寻踪
CHONGQING GUJI YIZHI XUNZONG

吴树才　编著

选题策划：	段小佳
责任编辑：	段小佳
责任校对：	畅　洁
装帧设计：	殳十堂_未氓
排　　版：	江礼群
出版发行：	西南大学出版社
	网址：http://www.xdcbs.com
	地址：重庆市北碚区天生路2号
	市场营销部：023-68868624
	邮编：400715
经　　销：	新华书店
印　　刷：	重庆市圣立印刷有限公司
成品尺寸：	170 mm×240 mm
印　　张：	13.25
字　　数：	237千字
版　　次：	2023年10月　第1版
印　　次：	2023年10月　第1次印刷
书　　号：	ISBN 978-7-5697-2200-0
定　　价：	58.00元

编委会

主　编：吴树才

副主编：龚南贵　张瑞媛　刘会兰

编　委：柏　华　付洪健　龚南贵　胡　玉　黄　建
　　　　　姜向超　刘会兰　王传惠　吴树才　杨先佑
　　　　　张瑞媛

绘　图：林　琳（巴蜀中学高2021届学生）

支持单位：重庆市文物考古研究院
　　　　　　重庆老街历史文化总群
　　　　　　重庆市文物保护志愿者服务总队

前言

　　许多生活在重庆多年的"老重庆"经常会说重庆是一座年轻的城市,除了"渣滓洞""白公馆",没有什么太多的古迹遗址可言。然而,事实并非如此。重庆是一座有着三千年历史的文化名城,你我身边就隐藏着数不清的历史遗迹。这些遗迹有春秋战国时期的,也有秦汉时期的;有唐宋时期的,也有明清时期的。当然,其中最多的还是抗战时期的,因为随着国民政府移都重庆,大量的政府机关、社会名流云集重庆,留下了大量的抗战遗址。

　　也许你不会想到,当你走在重庆的大街小巷上时,一座你熟悉得不能再熟悉的老建筑的背后却隐藏着一段波澜壮阔的历史,一座不起眼的小楼曾经住着一位名满天下的大人物,江边一块沉默千年的巨石却见证着一个悲壮的故事,路边一座寂静的石碑却记录着某位先贤可歌可泣的丰功伟绩。很多幽静的小巷,也许你一辈子也不会涉足,但如果因为那里有一处有故事的房子引领你走近她,岂不是一次美丽的邂逅?很多风景唯美的乡村,可能你永远也没有机会去领略她的风采,但如果那里有一座历史悠久的古桥吸引你走近她,难道不是一次意外的收获吗?

　　我们可爱的祖国幅员辽阔,单单是我的家乡重庆就够得上"地大物博"。要想走遍重庆的山山水水绝非易事,而如果结合寻访隐藏在各地的历史遗迹,你的路途将不再枯燥、乏味,寻访目标的逐个实现和一场场不期而至的偶遇会令你甘之若饴、无怨无悔。

　　随着城市的飞速发展和旧城改造的不断推进,我们身边的古迹遗址正在以难以想象的速度日益减少、消亡。朋友们,快快加入我们的行列!用你的双脚丈量历史的厚度,用你的相机定格历史的瞬间,用你手中的笔记录历史的变迁。

"重庆古迹、遗址寻踪"选修课活动掠影

重庆市文物考古研究院副院长袁东山先生为巴蜀师生做题为"老鼓楼衙署遗址的发掘及重庆古城的基本情况"的精彩讲座

重庆市历史文化名城专委会委员、重庆老街历史文化总群负责人、重庆市文物保护志愿者服务总队负责人吴元兵先生在通远门城墙上给巴蜀中学高2018届学生讲解通远门的历史

课题组部分成员参加重庆老街历史文化总群2016年年会合影

（从左至右依次为：胡玉、吴树才、王传惠）

吴树才老师带领巴蜀中学高2019届学生寻访陈诚公馆途中合影

巴蜀中学高2021届学生在吴树才和王传惠两位老师的带领下参加"文物保护进课堂"公益活动

巴蜀中学高2021届学生在吴树才和黄建两位老师的带领下参观"民主之家"——特园
（此图为同学们在参观特园下方的"风雨同舟、共商国是"大型雕塑）

重庆古迹遗址寻踪

巴蜀中学高2022届学生在吴树才老师的带领下参观周公馆

吴树才老师在"文物保护进课堂"秋季讲师培训会上为来自全市的几十位中小学教师上示范课

目录 CONTENTS

重庆古迹遗址寻踪

第一篇 古城遗韵

第一讲　重庆古城　　　　　　　　　　　/ 002

第二讲　重庆老石桥　　　　　　　　　　/ 013

第三讲　重庆摩崖题刻　　　　　　　　　/ 021

第四讲　重庆的碑、塔、牌坊　　　　　　/ 031

第五讲　重庆地名趣谈　　　　　　　　　/ 041

第二篇 抗战烟云

第六讲　蒋介石在重庆的四大官邸　　　　/ 052

第七讲　中国的"华尔街"——打铜街　　/ 062

第八讲　重庆大轰炸遗址　　　　　　　　/ 072

第九讲　上清寺、李子坝抗战遗址群　　　/ 079

第十讲　抗战名人旧居　　　　　　　　　/ 095

第三篇 外事掠影

第十一讲　南滨路开埠遗址群　　　　　　/ 104

第十二讲　外国使领馆　　　　　　　　　/ 114

第四篇 遗址星罗

第十三讲　巴蜀中学周边古迹遗址群　　　/ 126

第十四讲　七星岗古迹遗址群　　　　　　/ 136

第十五讲　江北城古迹遗址群　　　　　　/ 150

第十六讲　白象街周边古迹遗址群　　　　/ 160

第五篇 红色遗迹

第十七讲　重庆中共党组织早期革命遗迹　/ 174

第十八讲　重庆红岩革命遗址遗迹　　　　/ 184

参考文献　　　　　　　　　　　　　　　/ 195

后记　　　　　　　　　　　　　　　　　/ 196

重庆古迹遗址寻踪

第一篇 古城遗韵

第一讲

重庆古城

重庆名称的由来

约公元前1046年,周武王率领大军并会同西边和南边的少数民族,进行了推翻商朝统治的战争。巴人作为周武王大军中的先锋,为推翻商朝立了大功。周武王便把姬姓贵族封到巴地,以江州为都城建立起一个以巴族为主体的奴隶制国家——巴国。周慎靓王五年(公元前316年),秦灭巴国,置巴郡。秦始皇二十六年(公元前221年)分天下为三十六郡,巴郡为其一。汉朝时,巴郡也称江州;魏晋南北朝时期,先后更名为荆州、益州、巴州、楚州。隋文帝开皇元年(581年),以渝水(嘉陵江古称)绕城,改楚州为渝州。这就是重庆简称渝的来历。北宋崇宁元年(1102年),国子博士南平(现綦江)僚人赵谂因被人告发"谋反"被诛,然而朝廷仍心存疑虑,细想之下,总觉得渝州之"渝"字太不吉利,隐含变故之象,为表明"皇恩浩荡,恭行天罚",要渝州百姓恭顺天朝,宋徽宗赵佶御笔一挥,改渝州为恭州。宋孝宗淳熙十六年(1189年),皇子赵惇正月封恭王,接踵于二月受内禅即帝位,自诩双重喜庆,遂将恭州升格命名为重庆府。重庆得名迄今已八百余年,所以有"三千年江州府,八百年重庆城"的说法。

重庆筑城史

重庆历史上有四次大规模的筑城。

第一次:公元前314年,秦国大夫张仪修筑土城墙,并取名江州,范围大致从朝天门到后来的巴县衙门所在地带(另一种说法是在江北城),面积不到2平方千米。

第二次:三国蜀汉建兴四年(226年),江州都督李严在旧城基础上新筑江州城,范围扩大到大梁子、小梁子和较场口一带。

第三次:南宋嘉熙四年(1240年),四川安抚制置副使兼重庆知府彭大雅改李严的旧城土墙为砖石墙,城池拓宽到较场口、临江门一带,范围扩大近两倍。

第四次:明代洪武四年(1371年),重庆府指挥使戴鼎在宋代旧城基础上大规模修筑石城,形成了九开八闭十七门。

我们现在能看到的城门和城墙基本都是第四次筑城时修建的。

九开八闭十七门

"九开八闭",象征"九宫八卦",有九座城门可供人们进出,它们是:朝天门、东水门、太平门、储奇门、金紫门、南纪门、千厮门、临江门和通远门。另八座城门是徒有虚门而不开,它们是:翠微门、金汤门、人和门、凤凰门、太安门、定远门、洪崖门、西水门。

为了便于大家记忆这九开八闭十七门,吴老师特意编写了一个记忆歌诀:

重庆十七门

作者:吴树才

通江千金储东南,太平朝天九门开。
西安凤凰金人定,洪崖翠微闭八门。

注解:通(远门)、(临)江(门)、千(厮门)、金(紫门)、储(奇门)、东(水门)、南(纪门)、太平(门)、朝天(门)此九门为开门。

西(水门)、(太)安(门)、凤凰(门)、金(汤门)、人(和门)、定(远门)、洪崖(门)、翠微(门)乃闭八门。

民谣《重庆歌》记录城门如下:

朝天门,大码头,迎官接圣(开)。翠微门,挂彩缎,五色鲜明(闭)。
千厮门,花包子,白雪如银(开)。洪崖门,广船开,杀鸡敬神(闭)。
临江门,粪码头,肥田有本(开)。太安门,太平仓,积谷利民(闭)。

通远门,锣鼓响,看埋死人(开)。金汤门,木棺材,大小齐整(闭)。
南纪门,菜篮子,涌出涌进(开)。凤凰门,川道拐,牛羊成群(闭)。
储奇门,药材帮,医治百病(开)。金紫门,恰对着,镇台衙门(开)。
太平门,老鼓楼,时辰报准(开)。人和门,火炮响,总爷出巡(闭)。
定远门,较场口,舞刀弄棍(闭)。福兴门,溜跑马,快如腾云(闭)。
东水门,有一个四方古井,正对着,真武山,鲤鱼跳龙门(开)。

(编者注:福兴门即西水门)

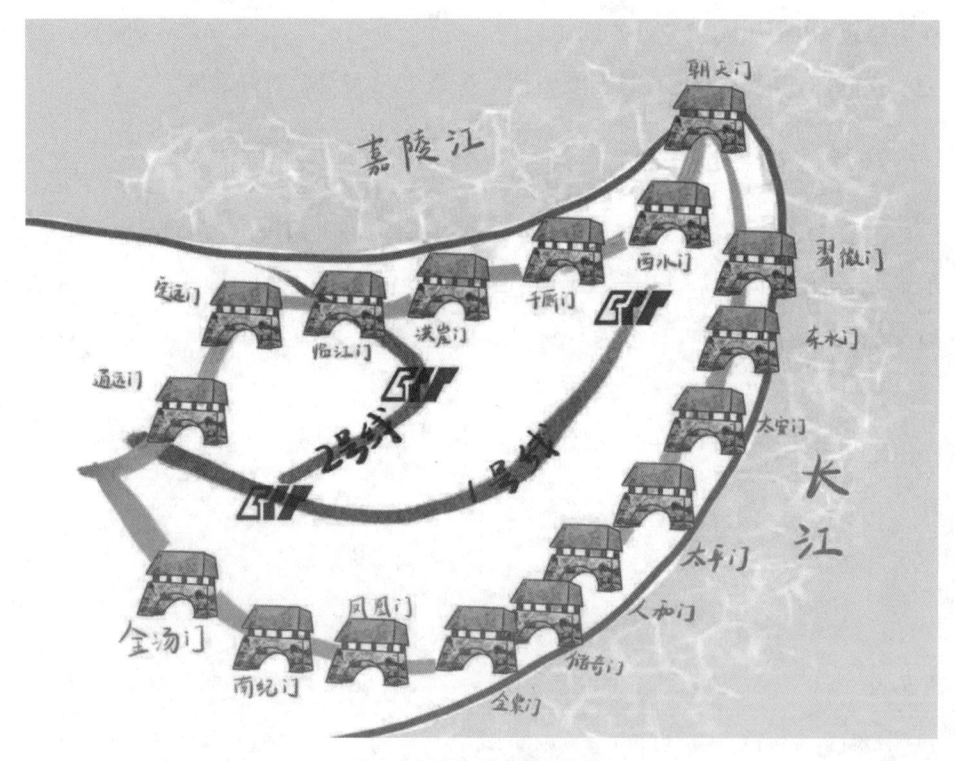

重庆古城十七门(绘图:林琳)

主要城门简介

南纪门

"南纪门,菜篮子,涌出涌进",说的就是重庆这南纪门是蔬菜运输的通道。南纪门现今仍是人们熟知的地名。南纪门在城的西南角,有瓮城面向西,原城门上书"南屏拥翠"四个大字,正是因为它隔江而对的是南山"翠峰碧峦"景色宜人的风光,是城内市民出城到南岸郊游观光和乘渡船过江的交通要道,因而,南纪门历来是下半城的重要城门之一。而此城门外江岸平坦开阔，成为重庆木材业集中的码头，木材堆栈一直到黄沙溪。

南纪，出自《诗经·小雅·四月》："滔滔江汉，南国之纪。"纪者，综理也，是谓该门是水陆两通的重要交通总汇。

临江门

"临江门，粪码头，肥田有本。"这话的意思是：临江门是当时全市最大的粪码头，用于农业种植的肥料都是从这个码头转运到嘉陵江、长江其他支流地区。从重庆城的地形来看，临江门乃重庆城的正北门，门外辖嘉陵江段水域。临江门往下，自古是悬崖。这里是重庆城易守难攻的要塞之一。原城门上书"江流砥柱"四个大字。

临江门旧貌　莫理循（英）拍摄于1894年

朝天门

朝天门位于重庆渝中区渝中半岛的嘉陵江与长江交汇处，是重庆以前的十七座古城门之一，为规模最大的一座。据清代有关图经记载，朝天门建在江崖高处，门外是下到码头的长坡，远看十分雄伟。城门为双层结构，正门之外还有瓮城，瓮城门向北，入瓮城右拐，才是朝天门正门。正门朝东，与外城门呈直

朝天门旧貌　张柏林(美)拍摄于1909年

1927年朝天门拆除前的最后留影

角。在朝天门外，瓮城门额上，刻有"朝天门"三个大字，正门额上则刻有"古渝雄关"四个大字。

南宋时期，钦差常自长江经该城门传来圣旨，遂名朝天门。据说，早先朝天门码头是不准一般民船停靠的，为的是防止闲杂人员等影响治安，后来虽然取消了这一禁令，但民船只能停靠旁边的小码头，最大、最好的码头仍然是留给官船用的。1927年，因修建朝天门码头和拓宽道路，城墙、门楼和房屋在内的旧建筑被成批拆除。朝天门因其交通上的重要性，首当其冲，成为在这一轮大拆大建中第一个被拆毁的城门。至此，古重庆城的象征——朝天门城楼消失了。

太平门

太平门在城东南，有瓮城面向西南，原城门上书"拥卫蜀东"四个大字。由于地理位置处于古城下半城中心地带，城内是重庆府署和巴县官府衙门所在，是全城政治中心,车水马龙,市面繁华。重庆开埠成为通商口岸后,外商、洋行集中在城门内白象街,这里成为金融中心。

修复中的太平门

通远门

通远门历来是重庆城通往外界唯一的陆路通道,原城门上书"克壮千秋"四个大字。门外的七星岗则是一片乱坟岗,遂传"通远门,锣鼓响,看埋死人"。通远门自建成以来发生过两次惨烈的战事。一是1271年忽必烈建元,1276年元军攻破南宋都城临安,重庆守将张珏率部继续英勇抗击元军,1278年守军血溅通远门。二是1644年,农民起义军领袖张献忠率60万人马围攻重庆,经6天激战,终攻破通远门,占领这一川东要塞。特别是后一场战争,由于死伤过多,通远门外七星岗一带成为"乱葬岗"。这就是后来《重庆歌》里"通远门,锣鼓响,看埋死人"述说的一段重庆掌故,到如今在重庆人划拳行酒令时还有"七星岗闹鬼"一说。清朝末年,重庆蜀军政府的成立也与通远门有关。1911年11月18日,夏之时率领的辛亥革命起义部队打到合川,促成合川守军易帜。随后夏之时继续挥军南下,清廷重庆知府钮传善闻讯,仓皇传令,全城戒严,关闭九门。革命党人朱之洪奉杨沧白之命,赴城外与夏之时取得联系,商定里应外合,促成重庆独立。朱之洪与夏之时见面商定大计后,旋即返回城中向杨沧白汇报了情

通远门

况,并开始筹划等起义军兵临城下时便打开城门,迎接起义军入城。1911年11月22日,起义军兵临重庆城外,革命党人况春发在守城清兵中午吃饭人少之时,与留守的士兵周旋,趁机将通远门城上大炮的保险针卸下,以配合夏军的到来。此时,朱之洪率领的体育学堂学生军,手持假炸弹鱼贯而至,逼退清兵,破锁开城。下午5时,夏之时率领的革命军数百人,手执"中华民国""复汉灭满"大旗与三门火炮一道,列队入重庆城。当晚,重庆蜀军政府通电全国,宣告成立。

千厮门

民谣有云:"千厮门,花包子,白雪如银。"嘉陵江流域的粮棉都在此门卸货入仓,所以说棉花打包的"花包子",雪白如云,如今千厮门内仍保留有棉花街的地名。千厮门名取自《诗经·小雅》:"乃求千斯仓,乃求万斯箱,黍稷稻粱,农夫之庆。报以介福,万寿无疆。"盖以当年城门内有贮存粮棉的千仓万仓而得名,是祈祷风调雨顺、丰收满仓之意。原城门上书"千厮巩固"四个大字。

东水门

建于明代的"东水门"是重庆老城正东的大门,但城门向北,门上城楼已不复存在。该门城墙长约230米,城门宽3.1米、高4.5米、厚6.6米,属石券顶城门

东水门

洞,附近有石城墙一段。也许是其所处地势险要、易守难攻的缘故,该门未设瓮城。这里曾是人们渡长江去往南岸的要道,也是外地商贾云集之地,生意兴隆,人烟稠密,著名的湖广会馆(亦名"禹王庙")便坐落在入城的芭蕉园街上。东水门是清代"湖广填四川"大移民运动在重庆的重要物证,现存建筑群亦将"广东公所"与"齐安公所"囊括其中。

人和门

人和门,居太平门与储奇门之间,是现存的唯一一个闭门。人和门面向长江,门宽近3米,呈圆形拱券,有城门的形制却常年不开。门内转东有条街名"人和湾",城外原来还有条"人和街",显而易见,都是因"人和门"而得名。不高大、不险峻,看似很平常的人和门,也许是闭门的缘故,确实一点也不显张扬之貌,也无多少名胜致景。或许

人和门

正是如此，那首流传里巷的《重庆歌》里，无奈之下只好勉强凑句："人和门，火炮响，总爷出巡。"人和门旁有县衙、府署，但总爷是知府大人还是县太老爷，语焉不详，含混模糊，弄得今人"丈二和尚摸不着头脑"。

现在我们还能看到的有通远门、东水门、太平门和人和门。随着旧城改造不断推进，或许还会有更多的城门重见天日，让我们拭目以待。

储奇门

储奇门是下半城沿长江开的六个城门中较为重要的城门之一，位置在城正南方，瓮城面向长江上游。储奇，寓有富足昌盛之意。昔日城门外码头起卸的货物大都是四川出口的大宗药材山货，城门内集中了药材和山货的商号和堆栈。古代就有"储奇门，药材帮，医治百病"的民谣。原城门上题刻"金汤永固"。

学生实践活动

寻访现存的重庆古城门和城墙，对比古今重庆地图，探讨明城墙的大致轮廓。

活动目的

1. 亲身感受重庆古城的风韵和魅力，增强作为重庆人的自豪感。
2. 了解重庆城市轮廓的变迁。
3. 了解城墙和城门在古代战争中的作用。

活动准备

1. 搜集重庆古城的历史和传说。
2. 搜集重庆古代和近现代的地图若干。

活动实施流程

1. 制订活动计划。
2. 按任务分组并确定各组承担的具体任务。

小组编号	组长	成员	任务分工
（1）			搜集资料
（2）			提前踩点确定路线
（3）			摄影摄像
（4）			现场采访
（5）			总结整理

3.实地寻访。

4.总结整理。

收获与体会

◎通过这次活动,我了解了重庆古城的历史,在我们身边居然还隐藏着这么多的古迹和遗址,还隐藏着这么多有趣的故事,让我加深了对家乡的热爱。

◎

反思与延伸

1.通远门城门上的"通远门"三个大字是古代刻上去的还是现代刻上去的呢?

2.望龙门是重庆古城十七门之一吗?

3.巴蜀中学是在重庆古城的里面还是外面呢?

重庆古迹遗址寻踪

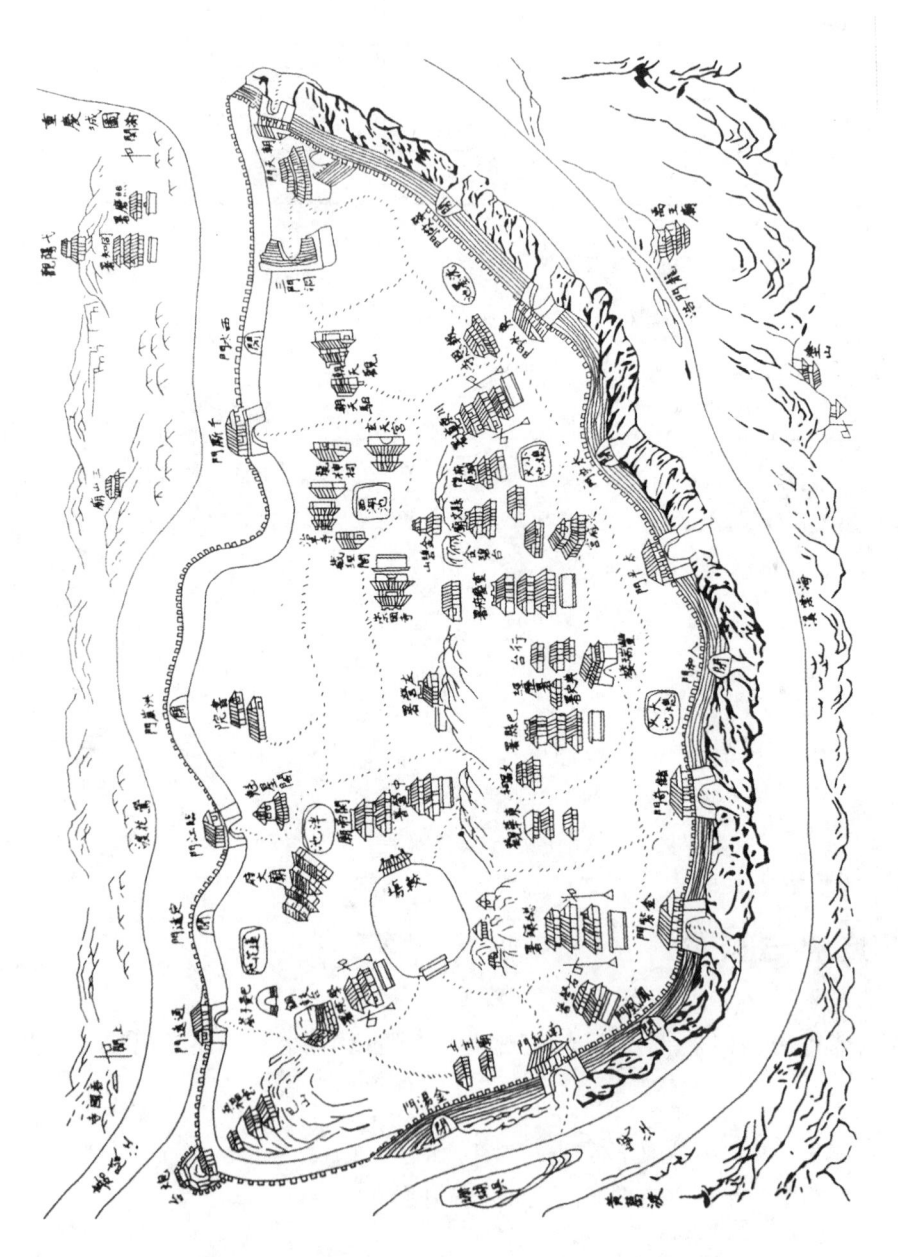

清乾隆年制重庆城图

第二讲

重庆老石桥

重庆是闻名全国的山城,独特的地形地貌和湿润的气候塑造了重庆数不清的河流、溪沟。在古代,由于造桥技术有限,很难在长江、嘉陵江这样的大江大河上修建大型桥梁,过河主要靠摆渡船;而在小型河流、溪沟上,通常采用架桥的方式方便人们通行。时至今日,重庆境内仍然存在大量的老石桥,保存下来的老石桥大多建于清朝时期,最早也有建于宋朝的。这些老石桥历经风雨保存至今,很多至今仍然发挥着"余热",有些虽已"退居二线"甚至荒废,但都是先人为我们留下的宝贵文化遗产,都值得我们倍加珍惜,加以保护。下面介绍几个具有代表性的老石桥。

一、茅溪偃月桥

偃月桥位于江北区茅溪河口,大佛寺长江大桥侧下方。偃月桥面临长江,为一座三孔石拱桥,当江水上涨时,桥拱宛如横卧形的半弦月,故而得名。据《重庆市江北区文物集》记载,偃月桥全长172余米,宽8.1米,高约20米,单孔跨径12米,每孔由60道横石组成券拱,中孔刻有"大清道光二十八年戊申仲夏日吉旦,存心堂捐建"字样,表明该桥修建于清道光二十八年(1848年),距今已有一百多年历史。存心堂是一个跨区域性的民间慈善组织,江西、浙江、重庆均有分布。他们自筹资金,开药材铺房,设慈善基金,专门救济社会上的弱势群体和需要帮助的人们。偃月桥经历了重庆主城历史上1870年和1981年的两次特大

茅溪偃月桥

风化严重的"偃月桥"三个大字（重庆文保志愿者郭真明 摄）

洪水，仍巍然屹立，证明偃月桥异常坚固。偃月桥规模庞大，形制优美，是主城区仅存的几座老石桥之一。

二、荣昌施济桥

施济桥位于荣昌区城西，跨濑溪河。约建于北宋仁宗皇祐二年（1050年），被宰相文彦博命名为"思济桥"。民国时期，洪水冲垮桥面，几经募捐集资维修，后更名为"施济桥"。该桥为七孔联拱石桥，桥面总长度为110.5米，每个桥孔跨度为11米，桥面宽度为7.8米，桥身高度为8.5米。现在我们所见到的是民国时期的桥面，但是基础却是宋朝的。在清末太平天国运动期间，清廷下令"川盐济楚"，这个桥是当时的保障通道。施济桥被慈禧誉为"川东保障"，从此闻名天下。老桥旁边是1997年建成通车的施济新桥，老桥桥头已竖起一块"严重危险桥梁"的警示牌，似乎暗示着保护这座老桥的急迫性。

重庆最老古桥——施济桥（后方为施济新桥）

三、土主高滩桥

高滩桥位于沙坪坝区土主镇四塘村。

据民国《巴县志》记载，此桥南北走向，始建时间不详。于乾隆四十一年（1776年）改建为四礅五洞石拱桥，桥长75.5米，宽4.7米，高18.5米。拱顶两侧分别刻有龙头、龙尾。龙首朝西（即上游），取"龙吞来水"之意；龙尾向东。桥面用石板铺成，两侧用石柱嵌石板作围栏，围栏石柱上均刻有石狮，两侧石狮对称。桥头原有一块高1.6米、宽0.4米的残缺石碑，碑刻时间不详，但碑文隐约可

土主高滩桥

见"池曲几如虹卧影,滩高尚有雁横空"。如今那块"残缺石碑"早已不见踪影。现桥除大部分石刻被毁坏外,桥身、桥面、围栏保存较完好。

抗战期间,住在离赖家桥不远处全家院子的郭沫若,曾多次来此寻幽访古。他在一篇题为《飞雪崖》的文章中写道:"穿过(土主)场,还得朝西北走去。平坦的石板路,蜿蜒得三四里的光景,便引到一条相当壮丽的高滩桥,所谓高滩桥就是飞雪崖的俗名了。"

四、万灵大荣桥

大荣桥建于明朝正德初年,清代多次维修,为石质平板桥。位于荣昌万灵(路孔)古镇,东桥头直接古镇下街城门口。桥共有24跨,长116米,宽1.8米,厚0.5米。该桥由巨大的石板铺就而成,每块石板重四五吨,沉稳厚重。主拱高约10米,可过漕运大船,主拱两侧有2个小拱,高的为半圆形,低的为方形。桥面两侧有护桥墩24个,墩上原有精美的圆雕龙头、龙尾,现只有一墩保存了的龙尾。大荣桥为重庆市级文物保护单位。

万灵大荣桥

五、鲤鱼桥

鲤鱼桥位于重庆沙坪坝区陈家桥镇石碾桥村青杠六社八庙场。鲤鱼桥为单孔券拱石桥,桥长8.5米,宽2.6米,高4米;桥面由长方形石料垒砌而成。券拱高3.4米,由22块高0.27米的楔形石材垒砌而成。桥面两侧原有雕刻成菱形花纹的护栏,由于年久失修已损毁,今护栏为近代整修时所加。鲤鱼桥所在八庙场为清代成渝古驿道——川东大路沿线的一个重要场镇，来往于成渝间的客商、官役皆在此住宿歇脚，现桥侧仍保存有清代商铺、客栈、牌坊等建筑。鲤鱼桥保存较为完好，又处于成渝古驿道之上，其作为古驿道的一部分，对于研究清代川东地区的交通建设、商贸经济具有一定的参考价值。

鲤鱼桥

六、涪陵碑记桥

碑记桥位于重庆涪陵区马武镇碑记村。此桥本无名，后因石碑记述修桥相关事宜而得名。系涪（陵）南（川）古道上跨越小溪支流的一座单孔石拱桥。南北走向，长31.5米，宽5.3米，高7.7米，跨径9.9米，拱高6.6米。该桥始建于南宋绍熙五年（1194年），迄今已有800多年的历史，是重庆现存最古老的、最大的石拱桥之一，仅次于荣昌施济桥。碑记桥石料普遍采用青石，表面呈人字形凿痕，利用原溪床基岩作桥基护底石，拱券条石为纵联砌置，箍以外券，具有典型的宋代民间建桥工艺、风格、特点和建筑法式。清道光十五年（1835年）补修。桥头

涪陵马武镇碑记桥

曾进行补修,桥碑刻有"绍熙甲寅"题记。碑记桥表现了古代劳动人民的智慧和才干,为探讨宋代桥梁建筑提供了极为珍贵的实物资料。

七、寸滩至善桥

至善桥位于重庆市江北区寸滩街道黑石子社区寸滩老街双溪河上,临近长江。该桥建于清道光年间,为石质单孔券拱平桥,横跨东西,桥长96米,高约20米,宽度为5.5米,桥拱顶题刻"清道光二十七年,江巴绅商市民同建",表明该桥建于1847年。桥头原有重檐歇山式庙宇一座,现已毁。清道光年间进士何彤云曾为此桥写有《晚归过寸滩》诗,咏曰:"至今旧梦似桥长,老衲高岩说大荒。弃岸遥怜山月去,能消万古减愁肠。"

该桥朝寸滩镇一方,垮去了左侧;朝茅溪一方,垮去了右侧,因此当地人称"鸳鸯垮"。相传,踩桥典礼当日,一讨饭和尚要抢先过桥,富绅李韦子自觉羞辱了他,盛怒,令人脱掉和尚衣衫,逐下桥去。孰知,刚脱下左边衣袖,就听和尚说"要挎(垮)鸳鸯挎(垮)",笑嘻嘻自个儿脱去了右边的衣袖,旋即将衣衫朝天空扔去,人也不见了。众人正惊愕,就猛听得一声巨响,桥就垮成了现在这个样子。李韦子方晓是神仙点拨迷津,追悔莫及,从此广积善德,施舍银粮。百姓为纪念他的善行,取名"至善桥"。

寸滩至善桥

学生实践活动

寻访茅溪偃月桥。

活动目的

1. 领略主城区现存最美最大型石拱桥的风采。
2. 欣赏古代桥梁建筑艺术。

活动准备

1. 确定寻访路线及交通工具。
2. 准备长焦镜头相机、矿泉水等。

活动实施流程

1. 制订活动计划。
2. 分组并确定各组承担的具体任务。

小组编号	组长	成员	任务分工
（1）			搜集资料
（2）			提前踩点确定路线
（3）			摄影摄像
（4）			现场采访
（5）			总结整理

3. 实地寻访。
4. 总结整理。

收获与体会

◎ 通过这次活动,我惊喜地发现在城市迅猛发展的今天,主城区居然还存在这样一座优美的大型石拱桥,但愿她能继续幸存下去。

◎

反思与延伸

1. "偃月"是什么意思?

2. 茅溪偃月桥为什么建在这里?

3. 北滨路延伸段将从偃月桥这里经过,偃月桥面临被拆除的风险。你认为应如何处理城市发展与文物保护的关系?

第三讲
重庆摩崖题刻

"涂山"题刻近景

摩崖是什么呢？据冯云鹏等所辑《金石索》释义曰："就其山而凿之，曰摩崖。"摩崖石刻是中国古代的一种石刻艺术，指在山崖石壁上所刻的书法、造像或者岩画。这里我们介绍的摩崖题刻是其中的一部分，专指在天然的山崖石壁上题刻文字。重庆是山城，有大量的天然崖壁可供文人雅士题刻，所以重庆摩崖题刻的数量还是非常可观的。这些散布在城市、乡野的题刻为我们家乡重庆增添了浓浓的文化气息，也留下了一段段或有趣，或悲壮的故事。下面选几处有代表性的摩崖题刻介绍给大家。

一、"涂山"题刻

据传有个叫陈竹波的书法家,重庆江津人,善用扫帚写字,人称"小扫把"。此人嗜酒如命,从不按规矩出牌。清道光二十三年(1843年)的一天,他又喝得酩酊大醉,突来灵感,取来一根很长的竹竿,绑上叉头扫把,又提上一大桶石灰水浆,在一面正对龙门浩山脚的光滑崖壁前,奋笔疾书两个大字——"涂山"。这两个字有多大呢?长宽都有5米以上,正楷书写。接着他请来石匠,将二字擘窠阴刻。字深30厘米,雄浑遒劲,背倚山腹,面向城区,数里之外,清晰可见。镌刻的下方,还刻有一首诗:"涂山连字水,文峰接海棠。云烟天一色,日月映长江。"

可惜的是"文革"时期,原"涂山"二字被铲掉,印痕太深的笔画被用三合灰填平,然后写上了"毛主席万岁"几个大字。党的十一届三中全会以后,据说当年负责铲除"涂山"二字的那个人又主动请缨,将"毛主席万岁"改回原来的"涂山"二字,但由于笔画痕迹模糊,现字体与原来的不尽相同,稍显遗憾。

"涂山"题刻远景

二、"鸟游于云"题刻

"鸟游于云"题刻位于较场口复旦中学附属幼儿园崖壁上。

"鸟游于云"见于《孔子家语·执辔》,子夏问于孔子曰:"商闻易之生人,及万物鸟兽昆虫,各有奇偶,气分不同,而凡人莫知其情,唯达德者能原其本焉。……鸟鱼生阴,而属于阳,故皆卵生。鱼游于水,鸟游于云,故立冬则燕雀入海化为蛤。蚕食而不饮,蝉饮而不食,蜉蝣不饮不食,万物之所以不同。……敢问其然乎?"孔子曰:"然。吾昔闻诸老聃亦如汝之言。"

子夏是在问孔子关于人和万物生成本原的问题,请教孔子是不是这么一回事,孔子答道:"是的。"

渝中区"鸟游于云"题刻应是晚清重庆文人喜爱这四个字的意思,将其刻于石壁之上,以此表现重庆天空中鸟儿飞翔的景象。

"鸟游于云"题刻

三、"花滩溪"题刻

"花滩溪"题刻位于巴南区李家沱清华中学附近的花溪河断崖石壁上。"花滩溪"是当时人们对现在花溪河的称呼。"花滩溪"三个字是由清华中学董事长吕超所书,清华中学第三级学生捐资刻于石壁之上。清华中学成立于1938年,第三级就是1940年入学的那一级。

"花滩溪"题刻远景

"花滩溪"题刻　　　　　　　　　吕超

吕超(1890—1951年),名平林,字汉群,四川宜宾人,川军高级将领,国民革命军陆军中将加上将衔。同盟会会员,曾任京津同盟会军事部长。毕业于保定陆军军官学校,后任川军第五师师长。反熊(克武)后,自任川军总司令,兼任川滇黔联军副总司令,兵败后退至广州。1923年,任广州孙中山大元帅府参军长。1945年,辞国民政府参军长,任军事参议院上将参议,国民政府监察院监察委员。1949年,留居大陆,策动西南将领起义,促成成都和平解放。新中国成立后任西南军政委员会委员。1951年,在重庆病故。

四、"大江东去"题刻

"大江东去"摩崖题刻位于江北区郭家沱街道铜锣峡北岸莲花背观音庙上方。

"大江东去"四个大字从右到左排列,框幅竖高2.2米,横宽5米。左边落款处有两列小字,一列是"民国二年秋"五个小字;另一列被青苔遮盖,无法辨认,最末一字为"清"字。据《江北区军事志》记载,石刻题字之人为"冯应清",但其生平不详。该石刻为重庆讨袁二次革命遗迹,有一定的文物价值。

"大江东去"四个大字下方是一个人工开凿的石洞,此石洞为铜锣峡锁江遗址。明崇祯十七年(1644年),张献忠率60万兵马溯江而上,连克夔州、云阳、万州、忠州等地,直达重庆东大门铜锣峡。重庆守军设锁江铁链封锁峡口江面,并备有大量滚木礌石。张献忠发起数次进攻皆未能突破,且死伤惨重。最后,他抽调精兵从陆路攻破江津,顺江而下占领浮图关、突破通远门,从上游直逼铜锣峡,在上下夹击下铜锣峡被攻破,张献忠终占领重庆。

"大江东去"题刻

五、"董公死难处"题刻

"董公死难处"题刻位于渝中区牛角沱嘉陵江边嘉陵江大桥下游大约300米处纱帽石面江一侧。

"董公死难处"题刻(吴雨轩 摄)

纱帽石

民间有一个关于"纱帽石"由来的传说。相传古时候重庆主城嘉陵江水域经常闹水患。有一年又发生了大的洪水，附近不少居民房屋被淹，当时的地方官员无力组织泄洪，便将乌纱帽摘下，祈求上天，要是上天能将水退了，他可以不当这个官，说完便将乌纱帽抛到江中。结果帽子落江，洪水迅速退去，江边出现了一个巨大的乌纱帽状的石头。自此以后，重庆主城不管遇到多大的水患，也从没有淹没过"纱帽石"。

根据《明史》《巴县志》《重庆府志》等文献记载，明天启元年（1621年），永宁宣抚司奢崇明起兵造反，短时间内，叛军兵锋强盛，一度攻陷重庆、四川和贵州等地区的多处州县。危急时刻，辞官归乡多年的重庆府合州乡绅、前安定县知县董尽伦变卖家产，组织义军对此反叛行径进行坚决抵抗。董尽伦坚守合州，解围铜梁，并率部反攻重庆，却不幸在重庆之战中战殁于嘉陵江"纱帽石"旁。平叛成功后，明朝户部侍郎倪斯蕙之子倪天和到"纱帽石"上镌刻"董公死难处"五个大字。

六、"大观平"题刻

"大观平"题刻位于渝中区较场口黄土坡崖壁上，为清代题刻，幅高0.96米，宽1.69米。摩崖阴刻双钩划线，横幅，行楷体，字径0.45米。

"大观"出自《周易》："彖曰：大观在上，顺而巽，中正以观天下。观，盥而不荐，有孚颙若，下观而化也。观天之神道，而四时不忒，圣人以神道设教，而天下服矣。"

汉代贾谊的《鹏鸟赋》也有"大观"："小智自私兮，贱彼贵我；达人大观兮，物无不可。"意为：小聪明者自私自

"大观平"题刻

利,轻视别人抬高自己;通达的人心胸开阔,没有不可容纳的东西。

那么,"大观平"三字是什么意思呢?大概的意思就是有修养、通达事理的人以平允的心态看世界。

七、"重庆清华"题刻

"重庆清华"题刻位于巴南区李家沱清华中学外镇安桥旁石壁之上。该题刻为1938年时任国民政府主席的林森为重庆清华中学题写。学校从渝北胡家湾迁到土桥时,师生将四字凿刻于东校门石壁之上。"重庆清华"四字字体硕大,单字约三米见方,为重庆现存林森题刻中规模最大者。

"重庆清华"题刻

林森(1868—1943年),原名林天波,字子超,号长仁,自号青芝老人,福建闽侯县人,近代著名政治家。

辛亥革命中,领导九江起义,并促海军反正,派兵援鄂、皖,稳定革命大局,被举为民国开国参议院议长。1914年,在东京加入中华革命党。此后又担任过广州大元帅府外交部部长,中华民国临时参议院参议院院长兼宪法会议议长等职。

1928年10月,当选为立法院副院长。1931年12月23日,接替因九一八事变而下野的蒋介石

国民政府主席林森

任国民政府主席。1937年，全国抗战爆发，于11月20日宣布迁都重庆，并率员于11月底抵达重庆。1941年12月9日，代表国民政府对日宣战。1943年8月1日，因车祸在重庆逝世，葬于重庆歌乐山林园。

八、"字水"题刻

"字水"题刻在慈云寺附近石岩处，由重庆府书院（后为川东师范学堂）院长徐琴舫于清光绪十年（1884年）书写，工匠崔兴发雕刻。字高3.5米，宽2米余。在两个大字之间，还刻有"生成岷江势，河分大小流。朝天巴字水，嘉陵对渝州"诗句。山城两江形似古篆书"巴"字，晚上两岸灯火映照两江，登高望远，可观赏到"水如巴字三折"和"万家灯火齐明"的佳景。清乾隆二十五年（1760年），巴县知县王尔鉴将其列为巴渝十二景之一，命名为"字水霄灯"，而慈云寺正是观赏此景的绝佳之地，故刻"字水"二字于此处。

"字水"题刻

学生实践活动

寻访牛角沱纱帽石"董公死难处"题刻。

活动目的

1. 领略纱帽石的风采。
2. 致敬为国捐躯的董公（尽伦）。

活动准备

1. 搜集纱帽石的故事和传说。

2. 搜集董尽伦相关史料。

活动实施流程

1. 制订活动计划。

2. 分组并确定各组承担的具体任务。

小组编号	组长	成员	任务分工
（1）			搜集资料
（2）			提前踩点确定路线
（3）			摄影摄像
（4）			现场采访
（5）			总结整理

3. 实地寻访

4. 总结整理

收获与体会

◎ 通过这次活动，我知道了隐藏在轨道交通二号线旁的纱帽石，也了解了发生在这里的董尽伦为国捐躯的故事……

◎

反思与延伸

1. 你如何评价董尽伦?
2. 你觉得纱帽石从哪个角度看更像一顶乌纱帽,拍张照片与大家分享吧!
3. 当你和家人或朋友坐轨道交通二号线经过纱帽石时,给他们讲一讲纱帽石的传说和董尽伦的故事吧!

第四讲

重庆的碑、塔、牌坊

在重庆古迹遗址里面还有一类古迹很容易被我们忽视，那就是碑、塔、牌坊。这几类历史遗存多具有纪念、表彰、祈福的功能，我们到各地旅游也经常会见到这几类建筑，重庆也不例外。下面选择距离我们较近又比较有代表性的几个介绍给大家。

一、人民解放纪念碑

1939年5月，蒋介石在全国范围大张旗鼓地开展"国民精神总动员运动"。为了表明全民精神总动员的决心，由国民精神总动员会、新生活运动总会等4家单位发起并筹资，选定在督邮街十字路口修建"精神堡垒"。精神堡垒于1940年动工，1941年12月建成。精神堡垒为木质结构，外涂水泥，底座为八角形，写有"忠、孝、仁、义、爱、信、和、平"八个大字。堡垒共5层，通高7丈7，象征"七七"抗战。

抗战胜利后，重庆市市长张笃伦于1946年10月9日主持市政府市政会议，决定在精神堡垒原址修建"抗战胜利纪功碑"，以纪念抗日战争之伟大胜利。1946年10月31日，抗战胜利纪功碑奠基，1947年10月落成。抗战胜利纪功碑是中国境内唯一一座抗战胜利纪念碑。

纪功碑为八面塔形建筑，分碑台、碑座、碑身及瞭望台。碑台直径20米，台高1.6米，台阶有花圃。碑座由8根青石砌结护柱组成，上有石碑8面，采用北碚出产的上等峡石，石碑嵌于碑座外面，镌刻有1940年9月6日国民政府行政院《国民政府明定重庆为陪都令》、国民政府文官长吴鼎昌撰写的《抗战胜利纪功碑铭》及国民政府行政院院长张群撰写的记述重庆对抗战贡献的文章等。碑身高27.5米，直径6米，外为八角形。面朝民族路方向，刻有"抗战胜利纪功碑"七个大字，由张笃伦题写。内部为圆形，有悬臂旋梯141步，直升至顶部瞭望台。瞭望台上可容20人远眺市景。

据建造纪功碑的主任工程师黎伦杰介绍，这座碑全部用钢筋水泥建造，十分坚固，共用钢筋20吨，水泥950桶。在战时若投500磅重的炸弹于10米内，亦无法摧毁纪功碑；16英寸（406毫米口径）平射炮亦无法穿过碑壁。

重庆解放后，1950年7月7日，重庆市人民政府布告改变市区部分街道名称中，将"抗战胜利纪功碑"改名为"人民解放纪念碑"。人民解放纪念碑位于重庆市渝中区商业区中心部位，民族路、民权路、邹容路交会的十字路口处。在新中国第一个国庆节，西南军政委员会主席刘伯承题写了碑名。改建后的解放碑，仍保存原碑体结构，只是原碑文无存，原浮雕图案改成人民解放军战士形象及装饰性图案。面向民族路方向的碑名已改成"人民解放纪念碑"七个苍劲有力的鎏金大字，碑名下端落款为"一九五零年首届国庆日，刘伯承敬题"。

人民解放纪念碑

二、邹容烈士纪念碑

邹容烈士纪念碑位于重庆市渝中区南区路的南区公园内。

邹容烈士纪念碑是国民党重庆市党部根据1941年召开的国民党第五届中央执行委员会第八次会议决定建立的。

邹容烈士纪念碑于1946年1月26日动工，同年6月29日落成。碑为八角形塔式，石碑通高5.5米，碑身高3.52米，碑的东、南、西、北四面，均镌有"邹容烈士纪念碑"七个鎏金大字,八面皆镌刻碑文。碑文是根据民国十一年(1922年)章太炎为营建上海邹容墓所撰写的《赠大将军邹君墓表》一文略加修改而成的,主要叙述了邹容生平。碑文为隶书,落款:"重庆市市长张笃伦敬立。中华民国三十五年。"新中国成立后。邹容烈士纪念碑曾数次遭到破坏。1982年,为纪念辛亥革命七十周年,重庆市人大常委会决定对邹容烈士纪念碑进行维修,"邹容烈士纪念碑"重焕光彩。

邹容烈士纪念碑 　　　　　　　　　邹容

邹容生平

邹容(1885—1905年),中国近代著名资产阶级革命宣传家,原名桂文,又名威丹、蔚丹、绍陶,留学日本时改名邹容。四川巴县人(今重庆市渝中区人),出生在一个商业资本家家庭。

清光绪二十三年(1897年),邹容满12岁,奉父命与大哥应巴县童子试,因愤于考题生僻而罢考,从此厌恶科举八股。从父命入重庆经书书院,因蔑视旧学而被开除。后逐渐向往维新变法。清光绪二十七年(1901年),赴成都投考留日官费生,因思想倾向维新,临行时被取消资格,遂决计自费赴日留学。清光绪二十八年(1902年)秋,到达东京,入同文书院,始撰《革命军》初稿。

清光绪二十九年(1903年)四月返回上海,入住爱国学社,结识章太炎,结为莫逆之交。这时,恰逢拒俄运动发生。他两次在张园拒俄集会上演讲,签名加入拒俄义勇队。1903年5月,发起组织中国学生同盟会。在此期间,《革命军》由上海大同书局印行,署名"革命军中马前卒邹容",请章太炎作序。"苏报案"发生后，于7月1日至巡捕房投案，被囚于租界监狱。邹容被租界当局判监禁两年，折磨致病，1905年4月3日死于狱中。1912年3月29日，经孙中山批准，南京临时政府追赠其为大将军。遗著辑有《邹容文集》。

因邹容诞生于重庆夫子池洪家院子（现世贸中心附近），为纪念这位革命先行者，1943年底重庆市党政联席会议决定将夫子池洪家院子至苍坪街邹家祠堂的新生路改名为"邹容路"，沿用至今。

三、张培爵烈士纪念碑

张培爵烈士纪念碑

张培爵

张培爵烈士纪念碑位于重庆市渝中区沧白路。

张培爵（1876—1915年），辛亥革命先烈，字列五。重庆荣昌人。清光绪二十九年（1903年）考入成都高等学堂理科优级师范。清三十二年（1906年）加入同盟会。次年与熊克武等人密谋在成都起义，事泄失败后留蓉营救被捕同志。清宣统元年（1909年）应邀出任重庆府中学堂学监，与杨沧白、黄复生、熊克武等人组织"乙辛学社"，是重庆同盟会支部的核心。同盟会支部派会员及进步学生参加重庆新巡防军、城防营、水道巡警、商团等。武昌起义爆发后，同盟会支部派人到川东南，促使各县先后起义。同年11月22日，同盟会支部发动重庆起义，宣布重庆独立，成立蜀军政府，张培爵被推为蜀军政府都督。川东南各地纷纷响应，有57个州县宣布接受蜀军政府领导。1912年3月，成渝两地军政府合并时，张培爵到成都就任四川军政府副都督，不久改任四川民政长。1913年，袁世凯调张培爵到北京，委其为总统府高等顾问，暗中却加以监视。张培爵以病为由退隐天津，暗中进行反袁活动。1915年2月,被袁世凯政府特务骗出租界逮捕,4月17日被杀害。1916年6月,其遗骨运回荣昌荣隆场野鸭塘安葬。1935年,国民政府明令公葬。1944年7月,由国民党中央执委会决定修建的"张培爵纪念碑"在重庆市沧白路竣工,现为重庆市级文物保护单位。

四、塔子山文峰塔

塔子山文峰塔,别名白塔,位于溉澜溪长江边的塔子山上,修建于清光绪十四年(1888年),是一座有着100多年历史的古塔。塔子山文峰塔为砖石结构,七层,呈六角形,底层用条石砌成,塔高26.6米。它与南岸区黄桷垭文峰塔隔江遥相对峙,并与下浩觉林寺报恩塔形成了有趣的"三塔不见面"的人文景观。文峰塔石壁上的碑文《重修文峰塔记》记载了这座塔的修建沿革及原因。据记载,塔子山文峰塔是在数百年前的废塔基上重新修建的。

塔子山文峰塔

塔子山文峰塔造型巧妙,具有重要的文物价值。塔身的第二层及以上均由特质塔砖砌成,每块砖上都烧制有"文峰塔"字样。门额上书"题名胜迹"四字,在最高的第七层塔顶匾额上刻有"能点厚德"四字。

五、觉林寺报恩塔

据乾隆《巴县志》记载,觉林寺建于南宋绍兴年间,明末清初毁于兵乱。清康熙二年(1663年)僧雪恨重建。乾隆二十二年(1757年)寺僧月江扩建山门、莲池、亭子、桥梁和石塔。门额书"报恩塔"三字,两旁柱刻"因传心法分三教,为建浮屠报四恩"对联,背书"佛光普照"。清代,曾经出过一套重庆报恩塔邮票,可见当时人气之隆。

觉林寺报恩塔

报恩塔为楼阁式八面九级空心塔,砖石垒砌,通高45米,塔基周长46米。塔身从下到上,逐层收拢缩小,层周有外突觚棱翘角,塔内构筑盘旋而上的石阶,可达塔顶。每层镌刻佛像,洞开小窗,可以纵目远眺,山川秀色,鳞次屋宇,尽收眼底。

六、南山黄桷垭文峰塔

南山黄桷垭文峰塔位于南岸区黄桷垭五中云峰山之巅,建于清朝道光三十年(1850年),距今已有170多年历史。据民国《巴县志》记载:"文峰塔峭立山巅,凡七级,高逾十丈,万松围护,攒天一碧。"文峰塔为七级楼阁式塔,通高约28米,砖石结构,底层为条石筑成,余为砖砌,塔顶为六角攒尖葫芦宝顶。塔身呈六边形,层层上收。进门从左侧沿石阶旋至二层,以上为木楼梯至顶,每层有窗洞两个,可极目山城数十里。

清道光十一年(1831年),时任巴县县令高学廉精堪舆,认为此处为"风脉关

黄桷垭文峰塔

会处",植塔可郁起人文。清道光三十年(1850年),编修监察御史黄钟音丁忧回籍(巴县),主讲川东书院时建议造塔于树干处。同年,驻防重庆的川东兵备道曹澎钟始造塔其巅,钱出于富室,工兴于佣雇,期月而成,四周群峰,益增杰气,翌年建成,取名"文峰塔"。

在重庆民间一直流传着"三塔不见面,见面大灾难"的传说。"三塔不见面"是指塔子山文峰塔、觉林寺报恩塔、黄桷垭文峰塔,这三座宝塔各处一方,无论你站在哪一座宝塔上,都看不见另两座宝塔的影子。若是三塔见了面,城区将江水猛涨,洪水泛滥,必有大灾。

七、新牌坊

说起重庆哪座"牌坊"最有名,肯定非"新牌坊"莫属。它的名气主要依赖于"新牌坊"作为地名而广为传播。有新就有旧,那是不是还有一座旧牌坊呢?

是的,在新牌坊转盘附近,原有新旧两座牌坊,相隔不远,旧牌坊建于清道光八年(1828年),新牌坊建于清光绪三十年(1904年)。为了方便区分,当时的居民们就把这两座牌坊分别叫作新牌坊和旧牌坊。"新牌坊"的地名由此而来。

1997年8月,新牌坊被迁到了碧津公园里的巴渝民俗文化村进行保护。2011年12月,旧牌坊搬至天宫殿公园。所以,如今的新牌坊其实已经没有牌坊啦!

旧牌坊 　　　　　　　　　　　　新牌坊

八、大坪七牌坊碑林

大坪七牌坊因有七座牌坊密集于此而得名。

在清同治七年(1868年)至宣统三年(1911年)间,这里陆续修建起5座节孝

坊、1座百岁坊和1座乐施坊，七牌坊因此得名。其中，6座牌坊于1966年"破四旧"时被毁坏，最后一座牌坊也于1976年被拆。

在七牌坊附近不到百米的石板街道两旁，曾经耸立着20多块清道光年间到民国初年的巨型石碑。这些石碑见证了驿站曾经的繁华，是主城区内规模最大的碑林。碑刻内容主要涉及德政、忠孝、贞节等。碑身多为长方形，都是宽约1.5米，高约5米，重近10吨的巨石。行文多楷书，阴刻。碑文从不同侧面反映出了当时社会的风土人情、文化、艺术等，在人文、社会、哲学和书法等方面都具有很高的研究价值。

七牌坊碑林

七牌坊原有石碑25块。据推测这些石碑可能是20世纪二三十年代重庆扩城时，搬迁而来。2003年，因修建大坪循环道，其中三块迁到湖广会馆附近的东水门下，两块暂放于枇杷山公园内重庆自然博物馆。2006年，由于风化严重，枇杷山公园的两块碑刻被整体移进深坑内封存保护。2009年，七牌坊片区拆迁，剩下的20块中有一块石碑由于受损严重，被封存，其余19块迁到了原址对面，大坪电信大楼背后的花园中。

学生实践活动

寻访张培爵烈士纪念碑、沧白路。

活动目的

1. 致敬重庆辛亥革命先驱张培爵、杨沧白。
2. 了解辛亥革命时期重庆是如何改天换地的。

活动准备

1. 搜集辛亥革命时期重庆改天换地的历史资料。
2. 搜集张培爵和杨沧白的生平史料。

活动实施流程

1. 制订活动计划。
2. 分组并确定各组承担的具体任务。

小组编号	组长	成员	任务分工
（1）			搜集资料
（2）			提前踩点确定路线
（3）			摄影摄像
（4）			现场采访
（5）			总结整理

3. 实地寻访。
4. 总结整理。

收获与体会

◎ 通过这次活动,我知道了张培爵烈士的故事……
◎

反思与延伸

1. 张培爵烈士是如何牺牲的?
2. 为什么选择将这条路命名为沧白路？这里发生过什么大事件吗？
3. 你知道杨沧白吗？你知道杨沧白故居在哪里吗？

第五讲

重庆地名趣谈

我们生活的重庆城,至今保留下来了很多老地名,有些一看便知她的来历,比如杨家坪、郭家沱,是以当时在此居住的人家的姓氏命名的。由于时代的变迁,周围环境的变化,人们已经很难准确知晓这些地名的由来。这一讲,我们就来谈一谈重庆地名的由来,以及相关的故事。

一、佛图关

佛图关以前称浮图关。有人会由此联想到佛图关石壁的佛像和题刻,但其实这种联想是错误的。据考证,"佛图"和"浮图"都源于楚语"於菟[wū tú]"。於菟就是老虎,佛图关就是"於菟关",也就是"虎关"。佛图关地处鹅岭山岭的脊梁

佛图关新貌

上,悬崖绝壁,易守难攻,形似老虎把守,是其得名的地貌原因。当年巴人溯长江西进,到达重庆,便用与楚语相近的巴语"於菟"来命名佛图关,是其得名的音韵原因。

抗战时期,蒋介石曾一度将佛图关更名为复兴关。为什么要更名呢? 这背

后有一个有趣的故事。国民政府迁都重庆后,便将"中央训练团"迁至佛图关。中央训练团是专门培训中高级军政干部的机构。时间一长,在这里接受培训的国民党官员就听到了一些传言,说在佛图关培训出来的官多半也是"糊涂官"(佛图关的谐音)。这一传言越传越盛,有人就向蒋介石建议重新命名佛图关,于是蒋介石大笔一挥,亲笔写下了"复兴关"三个字,并刻于关旁石壁之上,取"抗日救亡,民族复兴"之意。新中国成立后,"复兴关"三个字被铲掉,换成了"建设人民的生产的新重庆"几个大字。

建设人民的生产的新重庆

二、弹子石

弹子石,重庆人都很熟悉,现在又因成为中央商务区(CBD)而名噪一时。从字面意思上看,大多数人都以为取弹丸之地的意思。弹子石其实是"诞子石"的谐音,这和大禹治水的传说有关。

弹子石广场

相传当年大禹治水路过重庆,娶涂山氏为妻。大禹一心为民治水,十三年三过家门而不能入。涂山氏牵挂大禹,每天在江边祝祷平安,长歌呼归。日久年深,化为巨石,伫立江边,这就是伫立在弹子石江边的呼归石。大禹治水归来,得知妻子已化为石头,便对着石头痛哭,大喊一声:"启!"石头应声开启,里头有一个胖乎乎的男婴,禹给他取名"启"。那块石头就叫"诞子石"。几经衍变,讹传为"弹子石"。这种传说的延续,为弹子石赋予了更多的人文情感。

三、四五六七八九公里

在重庆南坪一带坐公交车时,经常会看到有的车上会写着"4,5,6,7,8,9公里",外地人往往一头雾水:市区公交车怎么会有这么长的里程呢?其实这是四公里、五公里……一直到九公里这几个地名的缩写。看到这几个地名大家一定会想,四公里一定是从哪个起点到这里刚好四公里。这样想是没错的,但是很多重庆人搞不清楚那个起点在哪里。网上就有很多人误以为是以长江大桥南桥头为起点,然而真正的起点却在原来的海棠溪码头,也就是今天的喜来登"摩天双子塔"附近。这还要从红军长征时期说起。

四公里

1935年3月,蒋介石为了围堵、消灭正在长征中的红军,命令刘湘抢修川黔公路。不到3个月,这条从重庆海棠溪到贵州松坎共190公里的公路建成通车。该公路的修建死亡民工1000余人,伤数万人。路修通后,当时的重庆还相当落后,公路两边几乎都是荒山、田土,很难有正规的地名。没有地名会有诸多不便,工程师就用距离起点海棠溪的公里数确定地名,每隔两公里作为一个点。距海棠溪两公里是罗家坝,因为已有罗家坝这个地名,所以就没采用两公里作为地名。接下来就有了四公里、六公里、八公里。在十公里处有支路去往南泉,于是十公里处被叫作"岔路口"。再后来随着川黔公路两侧人口增多,又有了五公里、七公里、九公里。

四、沧白路

沧白路（注意不是"苍白路"）位于千厮门大桥渝中区一侧的桥头，毗邻洪崖洞民俗风貌区，是为了纪念辛亥革命元老杨沧白而命名的。

沧白路

杨沧白（1881—1942年），名庶堪，四川巴县木洞（今重庆巴南区木洞镇）人，中国近代民主革命家、政治家。1903年，创立四川第一个民主革命组织——公强会。1906年，该会改组为中国同盟会重庆支部，杨沧白先生任主盟。1911年，杨沧白率众推翻清朝川东政权，成立重庆蜀军政府，兼任高等顾问。袁世凯窃权，杨沧白在重庆组建讨袁军失利后，于1913年底赴日本，旋觐见孙中山并为其器重而引为肱股。自此，杨沧白便全力协助孙中山组建中华革命党，曾先后任政治部副部长、四川省省长、孙中山大元帅府秘书长、中国国民党中央执委和候补监委、广东省省长、北洋政府司法总长等要职。

1942年8月6日，杨沧白先生逝世后，举国哀悼，按国葬礼仪，张群等显要乘舟泊木洞后亲送其灵柩于重庆东泉安葬。1943年7月19日，国民政府在杨沧白事业发源之地重庆府中学堂旧址建立杨沧白先生纪念堂，并将其所在的炮台街改名为沧白路，以纪念这位辛亥革命的赫赫功臣。

五、一号桥

一号桥位于渝中区临江门和黄花园之间。提起一号桥,很多人都会想,既然有一号桥,那一定也有二号桥。其实不然,虽然在渝北两路和江北猫儿石都有二号桥,但都与渝中区的一号桥无关。这是为什么呢?1927年,潘文华规划修建北区干路,在这条路上规划了两座桥,一座横跨大溪沟,规划名称为一号桥;一座横跨现一号桥下的深沟,规划名称为二号桥。但由于现一号桥下的深沟太深,当时的技术条件根本无法完成架桥,导致这条路直到1952年重庆解放后才建成通车。此时,大溪沟上的桥早已建成,并已命名为四维桥,所以原本规划的二号桥就被称作一号桥。

当初一号桥建成时,一度成为重庆一景,在相当长一段时期内,甚至还是重庆市的标志性建筑之一。

一号桥

六、较场口

"较场"同"校场",也称"教场",是旧时操演或比武的场地。重庆原有大、小两个较场,现在较场口的这个较场是大较场。较场当然要有一个大的坝子,当时大较场的较场坝大约占地60亩,较场口就是较场的出入口,所以说当时的较场并不仅是较场口转盘那么大。

值得一提的是,在较场口还发生过一件震惊全国的大事件。

1946年2月10日,重庆各界万余群众在较场口举行庆祝政治协商会议成功大会,遭到国民党特务的破坏,郭沫若、李公朴、章乃器等60多人当场被打伤,许多人失踪和被捕。这就是著名的"较场口血案"(也叫"陪都惨案")。

较场口

七、猫儿石

猫儿石位于重庆江北区,据说是由于原来嘉陵江边江崖上屹立的一大一小两块石头形如两只猫蹲立俯视嘉陵江而得名。对此道光《江北厅志》有记载:"嘉陵江岸,岩石狰狞,蹲立百仞,若捕鼠状。"

猫儿石远景

猫儿石一带，明清时期只是一个乡村小渡，仅在河边渡口处有几家供过往行人和拉纤的船工歇脚"打尖"(吃饭)的小茶铺、小饭铺。

猫儿石一带开始热闹和兴旺是在1938年后，重庆成为抗战时期的战时首都，大批的工厂、企业西迁，带来了重庆的繁荣。

1938年春，上海民族资本家吴蕴初从日本归国后，溯江而上，抵达重庆。在猫儿石征得土地，筹建天厨味精厂、天盛陶瓷厂，后来两厂合并为天原化工厂。

八、其他常见地名来历

【人和街】 民国初年此地设有孤儿院，以后人口渐多形成街道，取名孤儿院街，1946年改为人和街。

【汉渝路】 此地为汉(中)渝公路终点段，故名。

【棉花街】 此地在清末至民国年间为棉花、棉纱帮交易市场，故名。

【金汤街】 因靠近古城门通远门，取固若金汤之意而得名。

【红球坝】 抗战期间这里设有空袭警报点，因警报信号为红色大球，故名。

【观音桥】 清朝康熙末年，在现观音桥一带修有一座庙宇，名观音庙。庙附近又修两座石板桥，根据观音庙的"观音"两字及石板桥的"桥"字，得名观音桥。

【华福巷】 因靠近当时的华福卷烟厂而得名。

【大田湾】 此地地处山腰，1937年前为农村，拐弯处有一片大田坝，故名。

【石板坡】 因旧时常有人在此处山坡开采石板，故名。

【大溪沟】 旧时有一较大溪流汇集四周流水注入嘉陵江。

【鸳鸯】 在原鸳鸯乡政府所在地场边小溪上30米间有两桥并列，又有一棵大树的两枝主干直搭对岸，形成天然桥梁，似鸳鸯展翅，匍匐溪面，故名。

【枣子岚垭】 因地处岚垭，早年有多株大枣树得名。

【天官府】 因明朝太师、吏部尚书(俗称天官)蹇义府第建此得名。

【黄花园】 昔年有农民在此地嘉陵江边种黄花，故名。

【小什字】 此处有街道相交成十字，并与附近大十字相对，故名。

【望龙门】 因此处可望见长江南岸巨石上宋绍兴时所刻"龙门"二字得名。

【五里店】 清末此地始开小店，因距江北城五里，故名。

【捍卫路】 1941年建成，以捍卫国家之意命名。

【道门口】　清康熙初年在此建川东道署,道署门外的街市因此得名。

【李子坝】　因此处有一片茂密的李子林得名。

【铜元局】　1905年清政府在南岸苏家坝建厂生产铸造铜元,故名"铜元局"。

【牛角沱】　此地有一石坡形如牛角斜插入嘉陵江,江流于此形成回水沱,故名。

【悦来】　取《论语·子路》"近者悦,远者来"之意得名。

学生实践活动

找几张不同时期的重庆地图,在地图上选几处感兴趣的地名,通过查找资料、实地走访等形式,搞清楚这些地名的来历及其背后的故事。

活动目的

通过探究地名的来历及其背后的故事加深对重庆的了解。

活动准备

准备几张不同时期的重庆地图。

活动实施流程

1.制订活动计划。

2.分组并确定各组承担的具体任务。

小组编号	组长	成员	任务分工
（1）			搜集地图
（2）			选取地名
（3）			查阅资料
（4）			现场采访
（5）			总结整理

3.实地寻访。

4.总结整理。

收获与体会

◎通过这次活动,我知道了我们耳熟能详的地名背后还有那么多有趣的故事……
◎

反思与延伸

1.你知道九龙坡区的大公馆是谁的公馆吗?是否还有一座小公馆?

2.璧山有地名叫六塘、七塘、八塘。你知道塘是什么吗?是否还有一至五塘?

3.你听说过山洞这个地名吗?那里真的有一个山洞吗?

4.你听说过呆溪这个地名吗?这个地名是不是很呆萌?你想不想去那里发发呆?

延伸阅读

渝合十塘

在璧山,至今还有地名叫六塘、七塘、八塘。大家一定很好奇,塘是什么?应该还有一塘到五塘吧?

塘是清代绿营兵驻守的最小单位,类似于军事哨卡,主责为治安警备与军机传递,由营汛分派于各交通要道,沿干线若干距离设一站,形成连绵不断的塘路。沿陆路而设称为"旱塘",沿水路而设称为"水塘",每塘驻兵数名,建有塘房、墩台、望楼。而我们今天要介绍的渝合十塘位于从重庆城到合川的渝合古道。渝合古道起于重庆佛图关,终于合川南津渡,民间俗称"北大路"或"中大路"。渝合古道是明清乃至民国初期,沟通重庆与合川的一条官路驿道,也是由重庆至西安的嘉陵古道的一部分。

渝合古道的头塘设在佛图关,二塘设在白崖(今沙坪坝井口二塘村,另有磁器口的说法),三塘设在金刚坡(今沙坪坝金刚村),四塘设在四塘村(今沙坪坝土主镇高滩桥),五塘设在青木关,六塘设在温汤驿(今璧山区六塘镇),七塘设在柏家庙(今璧山区七塘乡石坡村),八塘设在璧山区八塘镇,九塘设在凤垭(今合川区九塘乡),十塘设在裹溪(今合川区十塘乡)——这就是著名的"渝合十塘"。如今,十塘的地名大多数仍被沿用,可见其影响力之久。

而今轨道交通三号线的"二塘"站,原系巴县通往綦江的邮驿塘站的第二个塘站,习称"二塘"。今轨道交通四号线的"头塘"站,原系当年成渝水路驿道重庆至成都的第一个塘站,故而得名"头塘"。这两个地名均与"渝合十塘"不是一个体系。

重庆古迹遗址寻踪

第二篇

抗战烟云

第六讲
蒋介石在重庆的四大官邸

蒋介石曾说过："本人自出生以来，除家乡以外，没有其他地方比重庆算得是我第二故乡。"那么蒋介石在重庆的8年，到底住过哪些地方呢？

我们知道蒋介石一般不会像寻常百姓那样只有一个家，出于功能、安全等需要，一般会有几个官邸。蒋介石在重庆一共有四大官邸，分别是曾家岩官邸、黄山官邸、林园官邸和小泉校长官邸。

一、曾家岩官邸——德安里尧庐

这座官邸位于现中山四路重庆市委大院内，现在是重庆市委7号楼，当年的门牌号是德安里101号，又名"尧庐"。这栋房子原来的主人是国民党川军将领许绍宗，抗战时被国民政府军事委员会借用为蒋介石官邸，因许绍宗号"尧卿"，故此屋又称"尧庐"。当时它的公开名称是"国民政府军事委员会委员长侍从室"。可别小看这个侍从室，它的地位非常高，相当于是蒋介石的中央办公厅。大院内有中西式建筑多栋，多为一楼一底，各有特色。其中一幢为现在的重庆市委2号楼，当年的门牌号是德安里103号，原为重庆富商丁次鹤所有，抗战期间被国民政府军事委员会委员长侍从室征用，给宋美龄使用，故称"美龄楼"。院内还建有防空洞，昼夜戒备森严，要持特别限期通行证才可入内。

德安里尧庐(张瑞媛 摄)

美龄楼(张瑞媛 摄)

如果要给蒋介石在重庆的官邸排个位,曾家岩官邸当仁不让应该排第一。许多重大的政治、军事、外交决策,都是在这里酝酿和拍板的。现在仍能找到多张抗战时期蒋家在曾家岩官邸拍摄的历史照片,毛泽东和蒋介石最著名的那张合影就是在美龄楼外拍摄的。

二、黄山官邸——云岫(xiù)楼

这里所说的黄山和大家熟知的著名风景区安徽的黄山没有任何关系,它位于南岸区的南山之上,之所以人们叫它黄山,是因为这里原是重庆富商黄云阶的私家产业。

云岫楼修建于1925年,占地167平方米,建筑面积364.5平方米,为中西式三层砖木结构建筑。抗战期间,国民政府迁都重庆后,为躲避日机轰炸和避暑,蒋介石侍从室选中这里作为蒋介石的另一处官邸。官邸位于密林中,周围壁崖陡峭,只有前后狭窄石梯相通。道路两旁苍松蔽天,浓荫覆地。蒋介石的卧室在二楼右角,房间宽敞,视野开阔,三面都有大玻璃窗。临窗远眺,既可欣赏群峰争秀,又可洞察山上山下来往的行人。顶楼设有岗哨,楼下建有防空洞,主楼之侧有一木柱穿透平房,面积17平方米,是蒋介石常去做礼拜的基督教礼拜堂。底楼为会议室和休息室,是蒋介石与军政要员研商军政机密的地方。楼前一峰独秀,建有一小亭,名曰望江亭。当年蒋介石常在亭内观看山景,欣赏两江景色。

在云岫楼附近,还有很多与蒋介石关系密切的达官显贵的别墅。除了宋美龄的松厅,还有孔祥熙、何应钦、周至柔、宋庆龄等人的别墅,另外还有专为收容、培养抗战遗孤而设立的黄山小学,以及美国总统特使马歇尔旧居——草亭,美国驻华军事代表团驻地——莲青楼。

抗战期间,蒋介石的行踪是国家的高度机密,所以黄山附近的村民并不知道这个戒备森严的地方到底住着什么大人物,然而蒋介石却在黄山官邸经历了一场惊心动魄的斩首式轰炸。

1941年8月8日起,日军对重庆施行7昼夜的"疲劳轰炸"。其间,一群日机扑向黄山,一枚炸弹恰好落在蒋介石官邸脚下的专用防空洞洞口,着实引起一场虚惊。8月30日,蒋介石正在黄山官邸召开军事会议,日机突然偷袭,扔下一批炸弹,击中云岫楼一角,炸死卫士2人,炸伤4人。蒋介石与参会人员慌忙踏着斑斑血迹躲入防空洞,这才幸免于难。

为什么这次轰炸目标如此准确？据日本陆军航空队第三飞行集团团长远藤三郎回忆说，他是从离任的意大利驻华大使口中知道了黄山官邸的具体位置，随后又收到了8月30日蒋介石要召开会议的密电，这才制订了直指黄山官邸的空袭计划。

蒋介石黄山官邸——云岫楼

望江亭

蒋介石亲笔题写的"松厅"匾额

宋美龄别墅——松厅　　　　　　　　　何应钦官邸——松籁阁

孔祥熙官邸　　　　　　　　　　美国驻华军事代表团驻地——莲青楼

宋庆龄别墅

三、林园官邸

1938年,张治中为保证蒋介石的安全,提出在西郊修一栋别墅,作为曾家岩官邸万一被炸的"陪邸"。不料,一时议论纷纷,有人认为不该大兴土木。蒋介石派人给张治中送去一张纸条:"老鹰岩房子,不盖可也。"张治中犹豫再三,最后还是将别墅盖了起来。1938年11月,官邸落成,当时的国民政府主席林森前来参观后赞不绝口,蒋介石为表敬老尊贤,就把它送给了林森,"林园"由此得名。直到1943年5月,林森出车祸去世,蒋介石才将林园收回。

林森入住林园后,为表对蒋介石的感谢之情,借"谁言寸草心,报得三春晖"的"寸心"二字刻于公馆旁水源边石壁上,故林森公馆也叫"寸心楼"。寸心楼为一座折衷主义风格的砖木结构小楼,坐北向南,一楼一底,建筑面积840平方米。

蒋介石迁居林园后住1号楼,宋美龄住2号楼,蒋办公和开会用3号楼,林森原居林园编为4号楼。1945年8月28日,毛泽东从延安飞赴重庆参加国共谈判。蒋介石于当日晚邀毛泽东、周恩来、王若飞至林园,为其接风摆宴。毛泽东等当晚宿于2号楼。29日清晨,毛泽东在花园散步,于小礼堂前林荫处与蒋介石不期而遇,两人便就近在一张石桌边对坐交谈。毛泽东等于30日离开林园。林园现为重庆市级文物保护单位。

林森官邸——寸心楼　　　　　　"寸心"题刻

宋美龄旧居——美龄楼

蒋介石官邸——中正楼

毛主席与蒋介石会谈之石桌

四、小泉校长官邸

小泉校长官邸位于巴南区南泉街道虎啸村保利·小泉别墅区内。

为什么叫"校长官邸"呢？这是因为蒋介石以黄埔军校校长起家，他热衷于担任军校校长一职，全国主要军政院校的校长均由他担任。1938年秋，国民党中央政治学校从南京迁到南温泉，蒋介石常去训话和主持典礼。其实，此处官邸并不是专为蒋介石所修建的，此建筑最初的主人是小泉乡绅阮春泉女婿彭勋武。1938年，中央政治学校由南京迁至小泉时，这栋别墅的门窗尚在刷漆当中，便被教育部长陈立夫强行租用，供校长蒋介石休息居住，并被命名为"校长官邸"。武侠小说泰斗金庸先生也曾在此读过书。

校长官邸牌楼 　　　　　　　校长官邸一角

校长官邸局部

小泉校长官邸不远处还有一栋陈立夫、陈果夫共用的"二陈官邸"。"二陈官邸"是抗战时期国民政府教育部长陈立夫、中央政治学校教务长陈果夫进行教务、办公、接待、休息、居住的地方。该建筑为"二陈"在重庆的主要官邸之一，建筑和环境风貌保存较为完整，是一处具有重要历史价值的抗战遗址。

陈立夫、陈果夫官邸

学生实践活动

寻访黄山抗战遗址博物馆内的云岫楼及其他抗战遗址。

活动目的

1.通过寻访黄山抗战遗址，加深对中华民族抗战历史的了解。
2.树立居安思危意识，从我做起，建设强大国防。
3.了解国共合作与斗争的历史，树立统一祖国的坚定信心。

活动准备

1.搜集抗战历史资料和蒋介石相关史料。
2.搜集国共两党为实现国家独立与民族解放进行接触和谈判的历史资料。

活动实施流程

1.制订活动计划。

2.分组并确定各组承担的具体任务。

小组编号	组长	成员	任务分工
（1）			搜集资料
（2）			提前踩点确定路线
（3）			摄影摄像
（4）			现场采访
（5）			总结整理

3.实地寻访。

4.总结整理。

收获与体会

◎通过这次活动,我了解重庆在抗日战争中的特殊地位……

◎

反思与延伸

1.黄山抗战遗址博物馆明明在南山上,为什么叫"黄山"抗战遗址博物馆呢?

2.黄山抗战遗址博物馆内曾居住过哪些声名显赫的大人物呢?

3.蒋介石为什么选择黄山作为自己的官邸之一呢?

第七讲

中国的"华尔街"——打铜街

打铜街位于渝中区小什字与道门口之间,连接上下半城。清代,重庆城的铜匠们带着铸铜工具,三三两两来到这里,打铜街由此叫响。最辉煌的时候,街道两旁铜器店不下百家,昼夜可闻打铜声。

打铜街

初听其名,似乎与繁华二字并不沾边。其实不然,这段长不足400米的打铜街,曾是连接重庆上下半城的要道。至抗战时期,打铜街及其附近街区,集中了交通银行重庆分行、川康银行总部、美丰银行总部、中国银行总部、聚兴诚银行总部、川盐银行、和成银行等多家银行。因此,打铜街又被誉为"抗战时期中国的华尔街",其知名度远超督邮街(现在的解放碑)。

1921年，重庆商务督办公署委托烛川电灯公司，在打铜街、陕西街、小什字等主要街道安装路灯百余盏。这里成为重庆最早安装路灯的街区，繁华程度可见一斑。

当年，路灯并非固定在灯杆上，风一吹前后摇摆，而打铜街又是繁华闹市，晚上出来逛街的市民较多，幽默的重庆人就将晚上出来闲逛称为"灯儿晃"。后来这个词在川渝一带广为传播，流传至今。

时至今日，有些银行遗址已无迹可寻，仍然保留下来的遗址有交通银行重庆分行、川康银行总部、美丰银行总部、聚兴诚银行总部、川盐银行。

一、交通银行重庆分行旧址

交通银行重庆分行旧址位于渝中区打铜街14号（目前为中国建设银行使用）。交通银行实为清政府的国家银行。1914年，其成为北洋政府的国家银行。国民政府成立后，加入官股200万元，成为"政府特许发展全国实业之银行"。抗日战争时期的1938年秋迁至重庆，抗战胜利后回迁南京。

交通银行重庆分行旧址是目前重庆市银行老建筑中唯一的一处全国重点文物保护单位。该建筑修建于1936年，具有浓郁的巴洛克风格。与众多的重庆银行老建筑相比，它似乎显得花俏有余而威严不足。这是因为它在兴建之初并不是按银行的功能设计的，而是计划修建一座高级的豪华大饭店，并请了英国的知名建筑事务所担纲设计，极尽繁复奢华之能事，大门距马路的空间并不宽敞，但还是要踏过15级台阶方能进入，无形间平添了大楼的气派。在台阶的两侧还有圆形的花坛，石砌的档墙上装有精致的铁花栅栏，梯道两旁还装有一对铁铸的花饰灯亭，使整个大门显得既气派又不失优雅、和谐。而大楼的门窗及内外装饰，更是处处彰显着欧洲古典建筑的独特韵味。

交通银行重庆分行旧址

二、川康银行总部旧址

川康银行总部旧址位于渝中区打铜街16号（目前为中国邮政使用）。该建筑为西式风格，高5层，正面有6根高大的罗马柱。川康银行全称是川康平民商业银行，其前身为川康殖业银行，于民国十九年（1930年）由国民革命军二十一军军长刘湘与二十四军军长刘文辉及企业家卢作孚合办。民国二十六年（1937年），川康殖业银行兼并重庆平民银行与四川商业银行，更名为川康平民商业银行。该行总管理处设在重庆。董事长刘航琛，常务董事范崇实、宁芷邨、罗震川、文和笙。

川康银行总部旧址

民国二十年（1931年）九一八事变后，故宫10万余箱近60万件文物分批迁往南京保存。民国二十六年（1937年）七七事变后，这些国宝又分三路进行转移。三路文物中数量最大的一批9000余箱辗转至重庆，因为川康银行二楼仓库异常坚实，便选择将其中一部分文物存放于此。1938年底，日军开始对重庆进行狂轰滥炸，重庆城成为一片火海，但川康银行仍岿然不动。重庆市文物保护委员会于2009年7月颁布川康银行大楼旧址为"重庆市抗战文物保护点"，并挂上保护牌。

三、美丰银行旧址

美丰银行旧址位于渝中区新华路74号（目前为中国银行使用），建成于1935年。美丰银行是重庆第一家中外合资银行，1921年6月6日，四川美丰银行成立，总行设在重庆。总经理为雷文财团的董事长雷文，经理为美方的赫尔德，两位协理则由中方担任，分别是华股方面的出资方邓芝如与促成这次中美合作的功臣康心如。

康心如

1949年底重庆解放,此时的美丰银行风雨飘摇。1950年初,中国人民银行西南区行经商定,决定由聚兴诚银行给美丰银行透借20亿元周转。但时任董事长康心如认为,做下去肯定拖垮吃光,不如趁早关闭,还可留存部分私产。1950年4月4日,美丰银行自动宣告停业,从此退出历史舞台。

美丰银行旧址

四、聚兴诚银行旧址

聚兴诚银行旧址位于渝中区解放东路112号。

聚兴诚银行建成于1917年,由杨希仲委托日本留学归来的工程师余子杰仿照日本三井银行样式设计。聚兴诚银行由光绪年间重庆富商杨文光及其族人所组建的聚兴仁商铺演变而来,并于1914年由其子杨希仲开始筹设,1915年获得批复,在全国开设了32家分支机构,因此聚兴诚银行是近代四川最早成立的一家民营商业银行。聚兴诚银行的业务大致可分为汇兑、存款、放款、信托、外汇、外贸、投资、公债、金银、外资等。抗战前,聚兴诚银行收益最大的业务是汇兑和存款,之后在投资与金银开始涉猎。1939年,聚兴诚银行开始改组实行总行制和董事会制,并不断进行资本扩充,很快成为最具经济实力和社会影响力的川帮银行之一。由于聚兴诚银行成立较早且规模庞大,所以后来重庆的很多银行都有为数不少的从聚兴诚银行跳槽出来的业务骨干,逐渐有了"无聚不成行"的说法。抗战时期,国民政府外交部借用聚兴诚银行大楼一部分设办公场所,故也有人认为此处为国民政府外交部的另一处旧址。1951年11月,聚兴诚银行实现公私合营,历经36年完成了历史使命。

聚兴诚银行旧址

五、川盐银行旧址

川盐银行旧址位于渝中区新华路43号。

民国十九年(1930年)为扶助川省盐业而设立,由盐商集资32万元,盐业公会借资4万元,共36万元,作为原始股本。民国二十五年(1936年)增资为200万元。初名盐业银行,民国二十年(1931年)改名为川盐银行。总行设在重庆。董事长吴受彤,经理吴说岩、陈丽生、谭备三。民国二十五年(1936年)4月在上海设立分行,负责人李云阶。

1935年,董事长吴受彤看到美丰银行因修建大楼大大提高了声誉,决定自建大楼。到1936年底,这栋耗资60万元的大楼接近完工之日,吴受彤率工程师登上美丰银行房顶,查看一街之隔的川盐大厦,总觉得还不够气派,为了达到高度上超过美丰大楼的目的,决定在房顶再加一"宝顶",使川盐银行成为当年重庆最高的建筑。1949年,在"9·2"重大火灾中,正是由于它的钢筋混凝土结构阻止了火势的蔓延,旧址才得以保存。

川盐银行旧址

六、中国银行旧址

中国银行旧址位于渝中区新华路41号,建成于1936年。

1915年1月8日,中国银行在曹家巷设立了重庆中国银行。抗战爆发后,中国银行总管理处移设重庆,由于中国银行的分支机构遍及世界各地,海外华侨赡养家属的汇款和支持抗战的捐款源源不断地通过世界各地的中国银行汇回国内。国内未沦陷之地,就转汇至当地中国银行各分行,解汇(把国外汇款解付兑换成国内货币)给收款人;已沦陷之地,就由重庆中国银行委托邮汇局和其他银行解汇给收款人。中国银行在稳定全国金融、供应军需钞券、支持后方建设、募集外汇资金等方面做了大量工作。

1949年,"9·2"重大火灾使朝天门2平方千米的区域化为废墟,美丰银行、川盐银行躲过灾难,重庆中国银行侧面却被焚毁,但其旧址至今仍正常使用。1951年,重庆中国银行并入中国人民银行,业务移交中国人民银行西南区外汇管理科。

中国银行旧址

六、中央银行旧址

中央银行旧址位于渝中区道门口9号。

中央银行，民国时期的中国四大银行（中央银行、中国银行、交通银行、中国农民银行）之一，曾两度迁址重庆。

1924年8月，孙中山领导的广东革命政府成立了中央银行，设址广州市，行使政府金融机构的管理权，同其他三大银行发行法币。1927年，南京设民国政府，在上海增设中央银行。1929年3月，广州中央银行改称广东中央银行。1932年1月，又改称广东省银行。

1937年，日军入侵广州后，原设的中央银行分支机构逐一撤退。国民政府迁往重庆市，中央银行便迁往重庆。1945年8月，日本投降，重庆中央银行迁走，中央银行广州分行复业。在国民政府溃败之际，又于1949年迁往重庆。

现在楼体被贴满了20世纪90年代的小瓷砖，看上去完全没有"中央银行"的气派，很难想象当年的显赫。在中央银行旧址的地底藏有金库，保留有两扇金库保险门，设计精美、构思巧妙、机关重重。

中央银行旧址

学生实践活动

行走打铜街,体验中国"华尔街"的繁华。

活动目的

1. 领略抗战时期中国"华尔街"的风采。
2. 考察打铜街各大银行旧址现状。
3. 了解美丰银行、聚兴诚银行的故事。

活动准备

1. 搜集有关打铜街的故事和资料。
2. 搜集美丰银行、聚兴诚银行的相关资料。

活动实施流程

1. 制订活动计划。

2.分组并确定各组承担的具体任务。

小组编号	组长	成员	任务分工
（1）			搜集资料
（2）			提前踩点确定路线
（3）			摄影摄像
（4）			现场采访
（5）			总结整理

3.实地寻访。

4.总结整理。

收获与体会

◎通过这次活动,我知道了打铜街居然曾经是重庆城最热闹的地方,我也知道了重庆俚语"灯儿晃"的来历……

◎

反思与延伸

1.新中国成立前后的交通银行之间是什么关系?

2.抗战时期故宫南迁文物在重庆哪几个秘密存放点?

3.读一读朱自清的散文《重庆行记》,看看朱自清在打铜街有着怎样的惊险经历。

打铜街周边金融遗址群(绘图:林琳)

第八讲

重庆大轰炸遗址

从1938年2月18日到1944年12月19日,日军对重庆进行了长达6年的战略轰炸。据不完全统计,日机空袭重庆达218次,出动飞机9513架次,投弹21593枚,市民伤亡39480人,炸毁房屋17608栋,有30所学校被轰炸,市区几成废墟。

时至今日,我们还能寻访到的与重庆大轰炸有关的历史遗存有五四路、较场口"六五"隧道惨案遗址、黑石子重庆大轰炸死难同胞埋葬处、佛图关白骨塔、重庆市消防人民殉职纪念碑、虎头岩防空警报台、南山空军坟等。

一、五四路

说起"五四路",很多人会以为她的名字一定和"五四运动"或"五四青年节"有关。其实不然,重庆的"五四路"与重庆大轰炸有关。

1939年5月3日至5月4日,日机对重庆进行了24小时不间断的疲劳密集的无差别大轰炸。重庆上下半城繁华市区变成瓦砾,人们被驱赶到大街上,辗转在硝烟与炮火弥漫的血泊中。重庆防空司令部档案卷64卷中的统计为:"军民死伤6314人,毁灭房屋4871栋,5月5—7日的3天,25万人民疏散迁徙离开重庆。"1940年,寨家桥一带重建后命名为"五四路",警示后人永不忘记日寇发动战争给重庆人民带来的灾难。

五四路

二、较场口"六五"隧道惨案遗址

每年高考之前的6月5日,重庆全城就会响起撼人心魄的警报声。你知道这是为什么吗?

1941年6月5日晚9点左右,日军出动24架飞机分三批轮番无差别轰炸重庆,空袭持续了5个小时。因为当时未及时对市民进行疏散,所以大量民众涌入公共防空隧道(十八梯大隧道)中,造成洞内人数接近饱和。由于管理隧道口的宪兵及防护人员紧锁栅门,不准隧道内的市民在空袭期间出入隧道,在长达10小时的高温和严重缺氧的情况下,9000余人因通风不畅而窒息,同时又发生推挤踩踏,造成了骇人听闻的防空隧道惨案,史称"六五"隧道惨案。

较场口"六五"隧道惨案遗址

三、黑石子重庆大轰炸死难同胞埋葬处

黑石子重庆大轰炸死难同胞埋葬处位于江北区黑石子白沙沱(现寸滩大桥北引桥下方)。

在抗战时期重庆大轰炸中,大约有80%的死难者都埋在黑石子,"六五"隧道惨案的所有死难者则全部埋在这里。所以,黑石子是侵华日军对重庆实施大轰炸的重要证据之一。在重庆大轰炸期间,遇难者遗体都是先被运至朝天门码头,用船沿长江运到江北黑石子江边,再被抬到离江边不远的死难同胞埋葬地下葬。据悉,重庆市政府已决定在此修建"重庆大轰炸死难同胞纪念碑"。希望在不久的将来,我们可以在这里隆重祭奠在重庆大轰炸中不幸遇难的同胞,铭记这段历史。

重庆大轰炸死难同胞埋葬处——黑石子

四、佛图关白骨塔

佛图关白骨塔位于佛图关公园内。佛图关白骨塔是除黑石子之外我们现在还能看到的另外一处大轰炸遇难同胞埋葬地。大轰炸时期,也有部分遇难者遗体被埋葬在了佛图关到大坪九坑子一带偏僻的山坡上。为了纪念逝者,警示生者,当时在埋葬地一共修了12座白骨塔,现在还剩下一座半,由于位置非常偏僻,没有人带路很难找到。

佛图关白骨塔

五、重庆市消防人民殉职纪念碑

重庆市消防人民殉职纪念碑位于渝中区人民公园内。

重庆市的建筑物多为木竹结构，日机轰炸时每次都故意投下大量的燃烧弹，使无数繁华市区变成一片火海。而重庆的消防设备又十分简陋，消防器材十分缺乏，全市最初只有六七辆消防车。因此，重庆的消防救火工作主要依靠人力。为此，重庆市组成了8000余人的消防队伍，每次日机轰炸后，哪里出现火情，消防队员就以最快的速度奔向哪里，他们冒着生命危险，迅速扑灭大火。在重庆大轰炸期间，先后有81位消防人员在灭火时英勇牺牲。为了表彰烈士功绩，抚慰逝者英魂，由重庆市参议会、商会、工会、妇女会等机构，时任重庆市长张笃伦，各界知名人士胡子昂、唐毅、范众渠、仇秀敷等36人共同发起建立"重庆市消防人员殉职纪念碑"。

重庆市消防人民殉职纪念碑

六、虎头岩防空警报台

虎头岩防空警报台位于虎头岩绝壁的制高点之上，上从佛图关至整个大坪地区，从红岩村到李子坝，都可尽收眼底。也就是说，防空灯笼一旦在此悬挂，整个大坪和化龙桥片区，都可以看到。

当时规定：挂一个红灯笼是预袭信号，挂两个红灯笼是敌机临空信号，挂三个红灯笼是空袭信号;挂绿灯笼预示着警报解除。现在,昔日悬挂警报灯笼的杆子早已在沧桑巨变中消失,只有留在岩石上插灯笼杆子的石孔还依稀可见。警报台下,还有一个400多平方米的工事及地堡掩体,掩体四周有12个机枪射击孔。据称,当时掩体下面还有两个屯兵室和弹药库。

虎头岩防空警报台

七、南山空军坟

空军坟位于重庆南山石牛村内。

南山空军坟

重庆南山空军坟是迄今为止中国最大的抗日空军阵亡将士实葬墓地，曾安葬有1938年起到抗战胜利的中、美、苏三国抗日空军将士，共安葬了重庆大轰炸、武汉保卫战、长沙会战、璧山空战及在其他地方牺牲的242名抗战空军英雄。目前纪念园内有抗日战争期间牺牲的168位空军英雄的墓碑，以及孙中山先生亲笔题写的"志在冲天"纪念碑等。

蒋介石居重庆黄山时，每逢清明，即率众官员赴空军坟祭拜。

"志在冲天"纪念碑

学生实践活动

寻访较场口"六五"隧道惨案遗址。

活动目的

1. 铭记历史，勿忘国耻。
2. 感受战争的残酷，珍爱和平。

活动准备

1. 搜集重庆大轰炸历史资料。
2. 搜集较场口"六五"隧道惨案相关史料。

活动实施流程

1. 制订活动计划。
2. 分组并确定各组承担的具体任务。

小组编号	组长	成员	任务分工
（1）			搜集资料
（2）			提前踩点确定路线
（3）			摄影摄像
（4）			现场采访
（5）			总结整理

3.实地寻访。

4.总结整理。

收获与体会

◎通过这次活动，我真切地感受到了日本侵略者的残暴和罪恶，明白了落后就要挨打的道理，立志努力学习，强我中华！

◎

反思与延伸

1.重庆大轰炸持续了多长时间？

2.你知道巴蜀中学校内也有一处重庆大轰炸遗址吗？

3.你对重庆大轰炸遗址的保护和利用有什么好的建议吗？

第九讲
上清寺、李子坝抗战遗址群

抗战时期,从七星岗经两路口、上清寺到曾家岩的重庆第一条等级公路——中山路早已建成通车。由于国民政府以及蒋介石官邸选址在今天的重庆市委、市政府一带,上清寺、中山四路一带顿时成为炙手可热的黄金地段,许多达官显贵选择在这里置业安家。时至今日,保存下来的抗战遗址仍然不胜枚举,有曾家岩50号的中共中央南方局暨八路军驻重庆办事处——周公馆,张治中公馆——桂园,"民主之家"——特园,张骧公馆,等等。

一、特园

大家都知道在上清寺转盘附近有一座民主党派历史陈列馆,那么这座陈列馆为什么不建在北京而偏偏建在这里呢?这是因为这里有一栋叫作特园的老建筑,而特园是抗战时期中共及各民主党派活动的重要场所,是中国民主同盟(民盟)和中国国民党革命委员会(民革)前身的一部分——三民主义同志联合会的诞生地,是中共中央南方局贯彻党的抗日民族统一战线政策的历史见证。

中国民主同盟成立纪念碑

特园是民主人士鲜英的私宅,因鲜英字特生,故名"特园"。陪都时期,中国民主同盟总部设此。它是当时民主运动的重要历史场所,中共中央南方局的领导经常在特园与民主人士聚会,共商国是。毛泽东在重庆谈判期间,常在此会见民主人士。由董必武提议将"民主之家"称号赠予特园,冯玉祥书匾。

"民主之家"——特园

鲜英生平

鲜英(1885—1968年),男,字特生,四川西充人。民盟创始人之一,著名民主人士。早年参加同盟会,1911年中华民国成立时,张澜先生任四川军政府川北宣慰使,委鲜英担任护卫营支队长(相当于团长),后任袁世凯总统府侍卫官。袁世凯与日本签订"二十一条"卖国条约事件发生后,鲜英南下广州投奔孙中山先生讨袁。1921年,担任川军刘湘总司令行营参谋长,兼任重庆铜元局局长(相当于铸币厂厂长)。1925年,任川军第十师师长兼巴县卫戍司令。1939年,他谢绝仕途,回重庆投身抗日民主运动,以私宅"特园"作为民主人士活动场所。

鲜英热情好客,广泛结交,长期安排酒饭茶点招待各方人士,家中开起"流水席",客人随到随吃,酒饭不断。据说最多一天开一百多席,宾客盈门,高朋满座,盛况空前。各位贤达来去自由,纵论国是,谈笑风生,畅快淋

鲜英

漓。鲜英先生因此被誉为"当代的孟尝君"。1945年8月,国共两党在重庆谈判期间,毛泽东曾三顾特园与张澜、鲜英等共商国是。

新中国成立后,鲜英当选为全国政协委员,全国人大代表,1968年逝世于北京,享年83岁。

二、中共中央南方局暨八路军驻重庆办事处——周公馆

重庆周公馆,即曾家岩50号周公馆,坐落在重庆市渝中区中山四路的东端尽头,占地面积364平方米,建筑面积882平方米,是中共中央南方局设在城区的办公地点,南方局军事组、文化组、妇女组、外事组和党派组均设在这里。

周公馆及周恩来铜像

周公馆原为重庆地方人士赵少龙的宅院。抗战时期,他将此房租给国民党立法委员陈长衡等人居住。1938年,中共代表团由武汉迁移到了重庆,邓颖超以周恩来时任国民政府军事委员会政治部副部长的私人名义,从陈长衡手里转租了这栋楼的大部分作为中共中央南方局在市内的一个主要办公地点,中共代表周恩来、董必武、叶剑英、林彪、王若飞等人在渝期间也常住于此。在周公馆外面,距大门右边百米之遥是国民党军统局局长戴笠的公馆,左边毗邻国民党警察局派出所。周公馆的内部环境也非常有趣,主楼的底层和三楼的全部,以

及二楼东边的三间房屋被南方局租用,其余分别租给了时任国民党中央抚恤委员会主任秘书刘瑶章和国民党上层人士端木恺,以及时任重庆市市长贺耀祖的夫人倪斐君领导的"战时妇女服务团"。这样就形成了国共两党人士同进一个院、共住一栋楼的有趣现象。住在这里的国民党人士虽同中共中央南方局和八路军重庆办事处人员共同进出一个大门,同在一个屋檐下生息,但互相几乎没有往来,却也相安无事,亦不失为抗战期间国共合作的一段佳话。

周公馆内部的小庭院

三、张治中公馆——桂园

张治中公馆(桂园)位于重庆市渝中区中山四路65号,重庆市求精中学大门旁,全国重点文物保护单位。

张治中公馆(桂园) 　　　桂园二楼外廊

桂园是原国民党上将张治中的公馆,因院内有两株桂花树,因此得名"桂园"。1945年8月重庆谈判期间,张治中将此处备作毛泽东在重庆市内办公会客的地方。桂园是当年毛泽东与周恩来代表共产党同国民党代表进行谈判并签署《政府与中共代表会谈纪要》(即《双十协定》)的地方。

张治中生平

张治中(1890—1969年),原名本尧,字文白,安徽省巢县(今巢湖市)黄麓镇洪家疃人,黄埔系骨干将领,中国国民革命军陆军二级上将,爱国主义人士。1932年,"一·二八"淞沪会战时任第五军军长,在上海抵抗侵华日军;1937年11月,任湖南省主席,因失误导致"长沙大火"事件而被革职。1945年,调任国民党军事委员会政治部部长兼三民主义青年团书记。

1949年4月,张治中任国民党政府和平谈判代表团首席代表,到北平同中国共产党代表谈判,双方议定了《国内和平协定》八条二十四款。此协定遭国民党政府拒绝后,接受了周恩来的恳劝留在北平,并发表《对时局的声明》。9月,参加中国人民政治协商会议第一届全体会议和开国大典,并促成了新疆和平解放。

张治中长期坚持国共两党应和平共处,与毛泽东、周恩来关系密切。鉴于张治中对中国和平作出的突出贡献,他被称为"和平将军"。

中华人民共和国成立后,历任西北军政委员会副主席、全国人民代表大会常务委员会副委员长、中华人民共和国国防委员会副主席、政协全国委员会委员、中国国民党革命委员会中央副主席等职,对促进民族团结和社会主义建设事业发展作出了贡献。

1969年4月6日,张治中在北京逝世。

四、张骧公馆

张骧公馆建于20世纪30年代,位于上清寺电信局营业厅后面斜坡。2003年,被评为区级文物保护单位,现属重庆市渝中区电信局房产。

张骧公馆

张骧公馆是一栋青砖洋瓦的别致小楼,采用壁炉居宅心的西式住宅空间布局模式,并引用西式的阳光房。建筑屋顶结合了西式、中式歇山与十字双坡,颇具匠心。旧时曾是国民党中央执行委员会(国民党中央党部)办公楼,后被有着重庆"电信传奇"之称的张骧所拥有。

张骧,字云帆,国民党元老,蒋介石幕僚张群四弟,曾留学海外,以邮电通信工程技术为专业,历任江西九江电报局局长、汉口电政管理局局长、川康电讯监督兼重庆电报局局长等职。张骧狂放不羁,为张群切齿痛恨。张骧畏兄如虎,曾有过为求得兄长原谅,半夜翻墙进屋被哥哥拖到父亲遗像前痛打的经历。在国民党败退时,张骧拒绝哥哥安排逃往台湾,采纳民盟好友建议保全了川康两省电信器材设备,并将其完好无缺地交给了人民政府,为新中国重庆电信事业的飞速发展奠定了坚实的基础。

新中国成立后,任四川省政协委员,全国政协特邀人士,1958年病逝。

五、孙科公馆——圆庐

坐落在嘉陵江畔渝中区嘉陵新村190号的圆庐,建于20世纪30年代,是民国立法院院长、孙中山长子孙科的公馆,后为孙科送给二夫人蓝妮的爱情礼物。建筑主体形状为圆柱形,故称"圆庐"。

此建筑由著名设计师杨廷宝设计。杨廷宝于清华毕业,留学美国宾夕法尼亚大学建筑系,是梁思成、林徽因的校友。圆庐就是设计者巧妙地将中西式建筑特点融会贯通于一体的经典之作。

圆庐为砖木结构,地上两层,副楼为一层坡屋顶,建筑风格简洁流畅,造型独特。之所以设计成圆形,主要是因为这栋建筑的设计初衷除了要具有居住功能之外,还要具有舞厅功能。今天我们仍然可以看到,在底楼圆形舞池的四周分布着一个个扇形的小屋,这是客人们在跳舞时换衣服的地方。事实上,在那个波诡云谲的时代,不知有多少重要的情报就是在这些小屋子里秘密交换的。

比较新旧两张照片,我们会发现圆庐现在的顶部和老照片中的并不一致。这是因为新中国成立后圆庐变成了西南军区印刷厂和重庆市印刷厂的职工宿舍,住进了很多户居民,人一多,做饭的油烟排放就成了大问题。为了增强通风和采光效果,在后来的维修改造中就把顶部改造成了现在的模样。

圆庐旧貌

圆庐现状

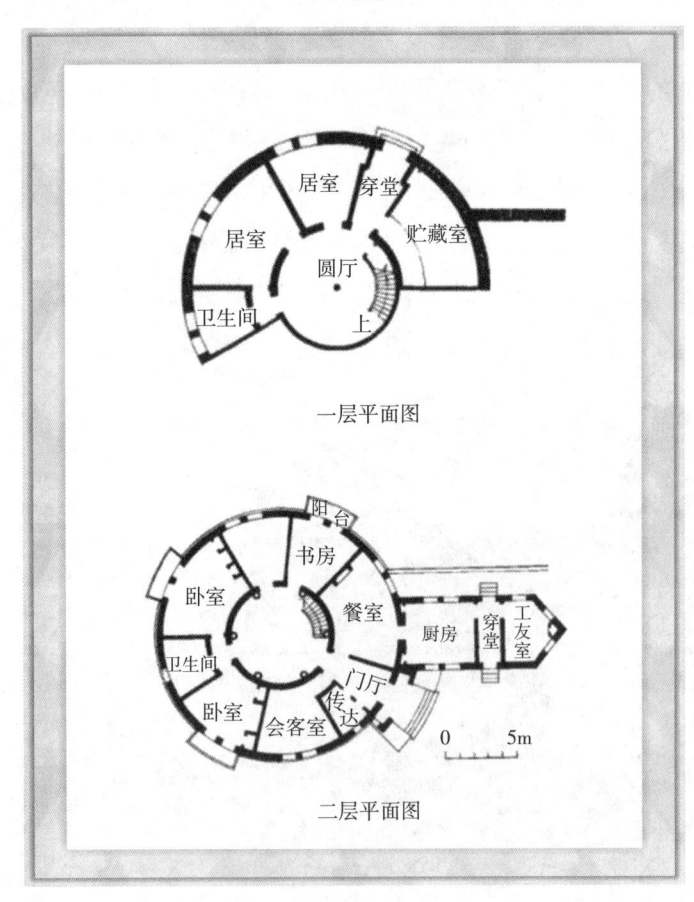

一层平面图

二层平面图

圆庐内部结构示意图

孙科生平

孙科(1891—1973年),字连生,号哲生。广东香山县翠亨村人(今中山市南朗镇翠亨村),孙中山长子,曾任中华民国考试院、行政院、立法院院长。

1907年,加入同盟会。1917年,在广州担任大元帅府秘书。1918—1920年,担任非常国会参议院秘书兼广州时报编辑。1921年,任广州市长兼治河督办,后任广州市首任市长。1923年、1926年,两次再任广州市市长。1931年,任南京国民政府行政院长。1932年,任立法院院长,前期主张反对联共,抗日战争开始后主张速行宪政、联共抗日。1947年,任南京国民政府副主席。1948年,与李宗仁竞选副总统落选后,再度出任行政院长。1949年,辞职后长期旅居法国、美国等地。1973年9月13日,病逝于台北,享年82岁。

孙科

六、高显鉴公馆

高显鉴公馆,又名生生花园,建成于1938年,是西南大学的前身——四川省立教育学院首任院长高显鉴的公馆,原位于渝中区上清寺路252号,2010年因城市建设需要迁建于李子坝抗战遗址公园内。

高显鉴公馆

生生花园有五个大礼堂,还有餐厅,可同时接待三对新人举行中式或西式婚礼,在当时可以算是陪都会展、商务接待、婚庆仪式的首选之地。由于高老太夫人是广东人,所以生生花园的招牌菜都是粤菜。1940年,蒋介石、宋美龄在生生花园设国宴宴请印度国大党领袖尼赫鲁。

抗战时期,宋美龄曾在生生花园指挥重庆龙舟大赛,鼓舞人们抗击日寇的决心。赛程都是从嘉陵江的红沙到相国寺一带,总指挥多次由宋美龄亲任,而指挥台则搭在牛角沱的生生花园里。

1942年元旦,抗战内迁四川的上海迁川工厂联合会在生生花园举办了为期15天的迁川工厂出品展览会,展出的都是当时民族工业最好的东西,周恩来参观后题词"民族的生机在此"。抗战时期,国民党中央执行委员会、中央监察委员会、国民政府农林部、中央研究院、中国科学社都在此办公。包括周恩来、李宗仁、白崇禧、刘文辉、李济深、刘湘、林森、冯玉祥、于右任等政要,还有竺可桢、胡适、李四光、茅以升、马寅初等精英,都先后在生生花园进出或住过。

高显鉴生平

高显鉴(1893—1961年),字咏修,号谦益,广西桂林人。教育家、实业家、政治家,被誉为"中国爱国知识分子的典型"。

高显鉴18岁执教四川大学,主讲国际公法、法语。后曾参加全省律师会考,得中第一名。他一生治学严谨,为政清廉;严于律己,思维敏捷,颇有创新精神。他同情农民,坚信"民为邦本、本固邦宁"的古训,认为要彻底改变中国贫穷落后的现状,必先从教育入手,以提高全国人民的整体素质,后方能实现富民强国。

高显鉴

高显鉴曾担任(或兼职)四川大学教授、四川省立教育学院首任院长、四川平民教育促进会会长、四川善后督办公署政务处处长代办、江津县长、四川乡村建设学院院长、现代读物杂志社社长、四川省土产改进委员会副委员长、四川禁烟总局局长、重庆市秘书长、国民政府军委会委员、国防最高委员会专门委员等职。

1956年,加入民革。1961年,在重庆病逝。

七、国民政府军事参议院旧址

国民政府军事参议院旧址位于渝中区李子坝抗战遗址公园内，是抗战时期国民政府军事委员会有关军事咨询的最高机构，于1929年9月正式成立，直隶于国民政府。抗战爆发后，国民政府于1938年1月实施改组，2月该院正式改隶军事委员会，职责为有关战时军事研究与建议。

国民政府军事参议院旧址

陈调元、李济生、龙云等人都曾担任过该院院长。1938年，军事参议院迁驻重庆市綦江县（今綦江区）东溪镇办公，为城内办事联络机构。

八、李根固旧居

李根固旧居，系重庆抗战遗址建筑群，位于重庆渝中区李子坝公园内。另外值得一提的是，风靡一时的电视连续剧《亮剑》中李云龙的原型王近山将军在重庆解放后曾短暂在此居住。

李根固生平

李根固，字翰臣，川军抗日名将，系刘湘的老部下。1887年出生于四川营山，曾担任过国民党四川宪兵训练所所长、川康区宪兵司令部司令、重庆警备司令、四川新生活运动促进会常务干事、川军宪兵大队大队长、新编第二十五师师长（后改编为国民政府内政部第二警察总队，俗称"内二警"）。1936年10月，复任重庆警备司令部司令，不久晋升中将。1937年7月，重庆防空司令部正式成立，重庆行营委任李根固为重庆防空司令。

李根固旧居

九、中国农工民主党中央机关旧址

1938年9月,中华民族解放行动委员会(即中国农工民主党的前身,简称"解委会")中央机关由武汉迁至重庆李子坝半山新村3号(今渝中区嘉陵新路55号,轨道交通二号线佛图关站旁)。这是最早在重庆设立的民主党派中央机构。至1946年5月从重庆迁至上海,解委会中央机关在此办公长达7年又8个月。其间,中共领导人周恩来、董必武等曾来此共商国是。同时,半山新村3号还是当时在重庆的党外人士的活动中心之一。

中国农工民主党中央机关旧址

学生实践活动

1. 行走中山四路,寻访周公馆、特园、桂园等。
2. 游览李子坝抗战遗址公园。

活动目的

1. 瞻仰周公馆,学习红岩精神。
2. 参观桂园,重温国共重庆谈判的历史。
3. 参观特园,了解民主党派历史。
4. 通过寻访李子坝抗战遗址公园内的抗战遗址,加深对中华民族抗战历史的了解。

活动准备

1. 搜集重庆谈判的相关史料。
2. 搜集红岩精神、张治中、鲜英等的相关史料。
3. 搜集李子坝抗战遗址公园的相关资料。
4. 准备公交卡、相机、矿泉水等。

活动实施流程

1. 制订活动计划。
2. 人员分组并确定各组承担的具体任务。

小组编号	组长	成员	任务分工
（1）			搜集资料
（2）			提前踩点确定路线
（3）			摄影摄像
（4）			现场采访
（5）			总结整理

3.实地寻访。

4.总结整理。

收获与体会

◎通过这次活动,我了解了国共重庆谈判的历史,加深了对红岩精神的理解……

◎

反思与延伸

1.重庆谈判的历史意义是什么?

2.红岩精神的核心内涵是什么?

3.你了解西南大学的历史吗?

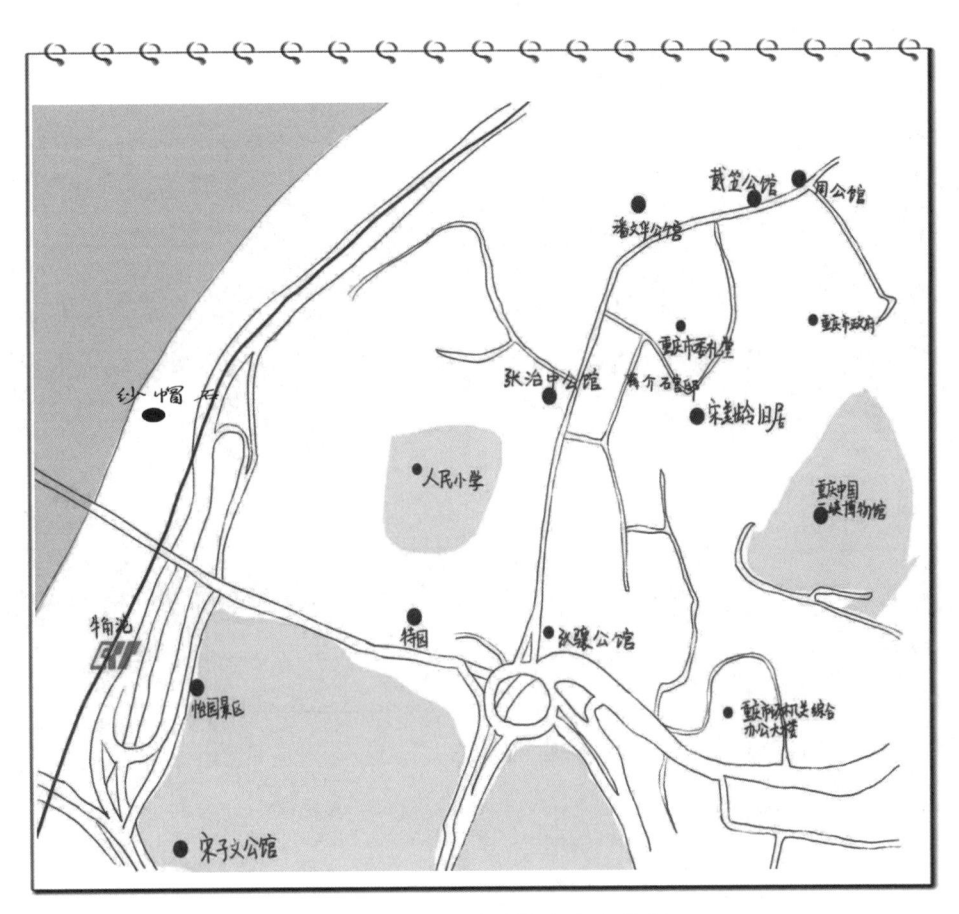

上清寺、中山四路抗战遗址群（绘图：林琳）

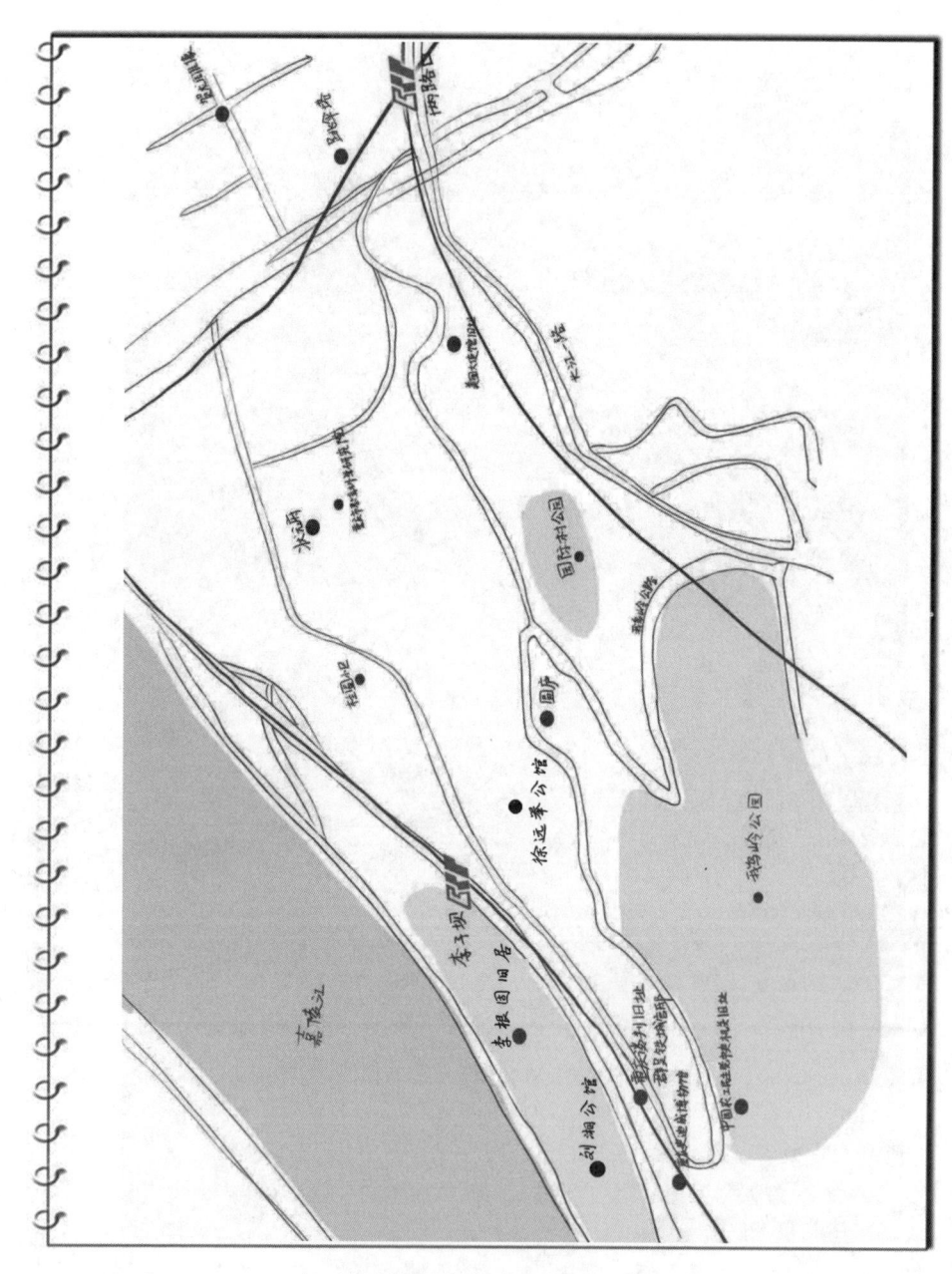

李子坝、嘉陵新村抗战遗址群(绘图：林琳)

第十讲

抗战名人旧居

1937年7月7日卢沟桥事变爆发,日本大举侵略中国,国土日益沦丧。10月29日,淞沪战场形势严峻,南京岌岌可危,在国防最高会议上,蒋介石作了题为《国府迁渝与抗战前途》的讲话,确定以四川为抗日战争的大后方。30日,国民政府决定迁都重庆。11月20日,林森一行抵达汉口,以国民政府主席的身份发表了《国民政府移驻重庆宣言》,宣布:国民政府"为适应战况,统筹全局,长期抗战起见,本日移驻重庆"。11月26日,林森一行抵达重庆。12月1日,国民政府开始在重庆正式办公。在国民党党、政、军各中央机关纷纷迁驻重庆的同时,以周恩来为首的中共中央代表团也迁抵重庆,并在重庆相继成立了"中共中央南方局"和"八路军驻重庆办事处"(同时兼新四军驻重庆办事处);战前不同政见、不同治国主张的各民主党派中央机关及其主要领导人也纷纷聚集重庆,来自全国各地的各界精英和社会名流,也如百川归海似的汇聚重庆。一时之间,重庆成为全国的政治、军事、经济、文化中心。重庆至今保存着大量的名人旧居,本讲介绍几个具有代表性的名人旧居。

一、宋庆龄旧居

宋庆龄旧居(保卫中国同盟总部旧址)位于渝中区两路口新村5号,重庆市级文物保护单位。该楼原为在德国留学归国的工程师杨能深住所。1937年11月,国民政府移驻重庆,外交部租用此楼,用于接待外国友人。1942年至1945

年12月，宋庆龄由范庄迁居于此。

旧居为一栋二楼一底砖木结构德式建筑风格小楼，坐西向东，占地面积1200平方米，建筑面积740平方米。主楼为宋庆龄及"保盟"总部用房，后楼附属建筑为工作人员用房，房后还有一个躲避日军飞机轰炸的防空洞。

宋庆龄在此居住期间，重建保卫中国同盟中央委员会，设于旧居二楼，并担任主席。抗战时期，保卫中国同盟在重庆的工作阻力重重，而宋庆龄克服困难，争取国际援助，越过国民党的层层封锁，长期以医药物资援助解放区和敌后抗日根据地，给予了中国共产党最大的支持和帮助，为中国抗日战争的胜利作出了重大的贡献。

宋庆龄旧居

宋庆龄（1893—1981年），已故中国革命家孙中山的第二任妻子。1927年11月1日，宋庆龄等成立国民党临时行动委员会。1938年6月14日，宋庆龄在香港发起成立保卫中国同盟。1940年，中国国民党中央常务委员会第143次会议决议：尊称孙中山先生为国父，以表尊崇。根据传统习惯，宋庆龄女士亦被尊称为"国母"。1981年5月16日，全国人大常委会决定授予宋庆龄"中华人民共和国名誉主席"称号。1981年5月29日20时18分，宋庆龄在其北京寓所病逝，享年88岁。

二、老舍旧居暨四世同堂纪念馆

老舍旧居位于北碚区天生新村63号,这栋房子原为林语堂先生所建,林语堂先生全家移居美国后留给了"抗敌文协"代管,遂成"抗敌文协"成员的一个据点,部分到北碚来的作家曾在此暂住。1943年夏,老舍先生来北碚居住,创作小说《火葬》。同年11月中旬,胡絜青夫人偕孩子由北平逃出,全家在此团聚。当时住这儿的还有萧亦五、萧伯青两位先生。1944年初,老舍先生在这里开始创作长篇小说《四世同堂》,当年即完成了第一部《惶惑》,第二年完成了第二部《偷生》。

在这里,老舍先生迎来了他45岁生日。大后方的文学工作者曾在重庆为他举行了隆重的庆祝活动,高度评价了他的文学成就和他对抗战文学的杰出贡献,称他是新文学史上的一块丰碑。当时屋内老鼠很多,成群结队,不仅啃烂家具,偷吃食品,还经常拖走书稿、扑克等物,故老舍先生戏称此地为"多鼠斋"。老舍先生先后创作了《多鼠斋杂谈》和回忆录《八方风雨》,全面记述了大后方文人清苦艰难的生活。抗战胜利后,老舍应美国国务院的邀请到美国讲学,于1946年1月离开北碚,先后在这里居住了三年半。此房自1993年起被定为重庆市级重点文物保护单位,2010年更名为"四世同堂纪念馆",面向社会开放。

老舍旧居

老舍(1899—1966年),本名舒庆春,字舍予,满族人。中国现代小说家、著名作家、杰出的语言大师、人民艺术家,新中国第一位获得"人民艺术家"称号的作家。代表作有《骆驼祥子》《茶馆》《龙须沟》《四世同堂》等。老舍的文学语言通俗简易,朴实无华,幽默诙谐,具有较强的北京韵味。

三、沈钧儒旧居(良庄)

沈钧儒旧居位于渝中区马鞍山18号,旧居为一栋砖木混合结构二层小楼,坐西向东,折衷主义建筑风格。重庆市级文物保护单位。抗战爆发后,沈钧儒来渝后便寓居于此,直至1946年返回南京。1939年9月,他在国民参政会一届四次会议上参与提出《请政府定期召开国民大会实行宪法案》等提案,发起组织宪政座谈会及宪政促进会。后与张澜、梁漱溟、黄炎培、章伯钧等发起组织"统一建国同志会"。重庆谈判期间,毛泽东、周恩来曾赴此会晤沈钧儒。此地是中共中央南方局及其他民主党派人士、进步人士聚会、座谈、共商国是的重要场所。

沈钧儒旧居

沈钧儒(1875—1963年),浙江嘉兴人,字秉甫,号衡山,清末进士。早年留学日本,回国后参加辛亥革命,1912年加入中国同盟会。五四运动期间,撰文提倡新道德、新文化。曾任国会议员、广东军政府总检察厅检察长、上海法科大学教务长。新中国成立后,历任中华人民共和国中央人民政府委员、最高人民法院院长、全国人民代表大会常务委员会副委员长、政协全国委员会副主席、中国民主同盟中央主席。

四、徐悲鸿旧居

徐悲鸿旧居位于江北区大石坝9村94号,重庆市级文物保护单位。旧居原为重庆商会会长、川东慈善会主席石荣廷在1931年建造的公馆,又名"培园"、"石家花园"。1942年,徐悲鸿利用中英庚子赔款筹组中国美术学院(研究院),在重庆到处寻觅院舍,石荣廷慨然将石家花园内的石家祠堂借与徐悲鸿,作为徐悲鸿和其他研究员的住地和习作画室。中国美术学院(研究院)建立后,徐悲鸿聘请张大千、吴作人、李瑞年、沈逸千、张倩英、张安治、陈晓南、费成武、孙中慰、宗其香等人为中国美术学院(研究院)研究员。在此,徐悲鸿创作了油画《庭院》,国画《六马图》《奔马》《群马》《灵鹫》《墨竹》《山鬼》等。1946年7月,徐悲鸿离渝返宁。

旧居为砖木混合结构二层建筑,折衷主义建筑风格,楼上楼下各4间房。小青瓦屋面,人字木屋架,青砖墙柱承重,条石基础。画室在居住地左坎下,系条石构成,拱顶。

徐悲鸿旧居

徐悲鸿(1895—1953年),原名徐寿康,江苏宜兴市人。中国现代画家、美术教育家。曾留学法国学西画,归国后长期从事美术教育,先后任教于国立中央大学艺术系、北平大学艺术学院和北平艺专。1949年后,任中央美术学院院长。擅长人物、走兽、花鸟,讲求对象的解剖结构、骨骼的准确把握,并强调作品的思想内涵,对当时中国画坛影响甚大,与张书旂、柳子谷三人被称为画坛的"金陵三杰"。所作国画彩墨浑成,尤以奔马享名于世。

五、绿川英子、刘仁旧居暨《反攻》杂志社旧址

绿川英子、刘仁旧居暨《反攻》杂志社旧址位于江北区洪恩三路文物复建院内,区级文物保护单位。此处是日本进步友人绿川英子和中国抗日青年刘仁在抗日战争期间主办反法西斯侵略的抗日杂志《反攻》时居住、工作的地方。

绿川英子(1912—1947年),1932年便开始参与日本国内的反战活动,被日本政府以反政府名义逮捕。1936年与中国留日进步学生刘仁结为夫妇。1937年追随丈夫来到中国。刘仁(1909—1947年),1933年留学日本。1936年秋与绿川英子结婚。1937年回国,在郭沫若领导下的国民政府军事委员会政治部第三厅从事对敌宣传工作。1945年应邀出任东北抗日救亡总会机关刊物《反攻》杂志社主编。他的妻子绿川英子也在编辑部当编辑,并为《反攻》杂志撰写文章。

旧址现存建筑两栋,分别为《反攻》杂志社的编辑部与印刷车间。编辑部为一栋砖木结构二层楼房,坐北朝南,占地面积500平方米,折衷主义建筑风格,歇山顶,小青瓦覆顶。印刷车间为一栋穿斗结构传统民居建筑,四合天井样式院落,歇山顶,夹壁墙。

《反攻》杂志社编辑部旧址　　　　　　《反攻》杂志社印刷车间旧址

六、冯玉祥旧居(抗倭楼)

冯玉祥旧居(抗倭楼)位于九龙坡区渝州路街道79号中国人民解放军陆军勤务学院内,为抗战时期冯玉祥在渝期间的寓所之一。旧居坐西向东,为一楼一底的砖木结构西式青砖小楼。楼高10米,共有大小房间12间,悬山式两面坡小青瓦屋顶。周围松竹茂林掩映围绕,环境清幽。楼前有一片小草坪,后山即松竹林。该楼四面共有大小两道门通向外界,进退方便。旧居为冯玉祥在1943年初买下歇台子罗汉沟岩坡一空地而盖,为表示抗战到底的决心,他将该楼命

名为"抗倭楼"。冯玉祥在此写了不少著名的"丘八诗"和抗日救亡(包括对外广播)的演说词及抗日歌词,接待过董必武、周恩来和不少著名的政治人物。他在"抗倭楼"居住了近四年,直到1946年5月才离开重庆。

冯玉祥旧居(抗倭楼)

学生实践活动

寻访宋庆龄旧居暨保卫中国同盟总部旧址。

活动目的

1. 通过寻访宋庆龄旧居,了解宋庆龄的传奇人生。
2. 学习宋庆龄"永远和党在一起"的坚定信念。
3. 学习了解宋庆龄与中国共产党风雨同行并最终加入中国共产党的故事。

活动准备

1. 搜集孙中山与宋庆龄的相关史料。
2. 搜集保卫中国同盟的历史资料。

活动实施流程

1. 制订活动计划。

2.分组并确定各组承担的具体任务。

小组编号	组长	成员	任务分工
（1）			搜集资料
（2）			提前踩点确定路线
（3）			摄影摄像
（4）			现场采访
（5）			总结整理

3.实地寻访。

4.总结整理。

收获与体会

◎ 通过这次活动,我了解了宋庆龄先生光辉的一生……

◎

反思与延伸

1.为什么宋庆龄是女性,却被人们尊称为先生呢?

2.你了解宋氏三姐妹另外两姐妹的故事吗?

3.为什么宋庆龄多次申请加入中国共产党却等到临终前才完成夙愿呢?

重庆古迹遗址寻踪

第三篇 外事掠影

第十一讲

南滨路开埠遗址群

1890年3月31日,中英在北京签订了《新订烟台条约续增专条》,重庆开为商埠。1891年3月1日,重庆海关成立,英人霍伯森担任重庆海关税务司的职务,掌握海关行政和征收关税的大权并兼管港口事务。各国在重庆纷纷设立领事馆,开辟租界,建立"国中之国"。南岸的地理位置优越,成为西方列强首选的居留区,仅在南岸龙门浩至窍角沱沿江一线设立的海关、兵营、洋行等机构就有20多家。西方列强竞相在重庆划分势力范围,掠夺原料,输出资本,从1890年到1911年,外国先后在重庆设立的洋行、公司、药房、酒店多达51家。在重庆的江面上,触目可见外国商船、军舰,外国商品潮水般涌进重庆。随着时间的流逝,旧时的商铺和洋行已退出了历史的舞台,但一些经典的百年建筑至今依然矗立在江边,向人们诉说着那段苦难辛酸的历史。

一、立德乐洋行旧址

立德乐洋行旧址位于南滨路现东源1891楼盘售楼部,原上新街新码头34号。

阿奇波尔德·约翰·立德乐,英国人,英国皇家地理学会会员,立德乐是在此以前乘帆船上溯长江进入四川的少数几个欧洲人之一,出于对英国在华贸易利益的考虑,力主在长江上游通航轮船,争夺川江航运权。1859年来华经商,1883年乘小帆船到达重庆,探索在中国西部开展贸易的可能性。1895年,他自筹资金，在上海订造"利川号"轮船。"利川号"上溯长江险滩的首次航行于1898年2月15日从宜昌出发，他自己导航和驾驶，逆江而上，历经险阻，于3月8日抵达重庆。立德乐是第一个驾轮船入川江的欧洲人，他率先窥探了中国西南地区资源，进一步扩大了英帝国在中国西部地区的势力范围。

立德乐洋行旧址（甘立蓉 摄）

重庆开埠后，立德乐在南岸开设洋行，名为"立德乐洋行"，经营四川土特产和舶来品。清光绪三十年（1904年），立德乐将洋行转让给隆茂洋行经营。

立德乐洋行，由一栋砖木结构的主楼及一木结构的辅楼组成，主楼的二层和辅楼间由一架空曲廊连接。建筑顺应地形，背山面水，坐南向北。建筑通高约16米，面阔17米，进深17米，建筑面积约600平方米。主楼屋面是中式重檐斜山式屋顶，"如意式"宝顶，西式的壁炉烟囱，中西结合。临江面二楼的挑廊栏杆上镶嵌有龙纹卷草绿釉砖雕、木质雕花伸弓和建筑部件。房屋门前是鱼池假山、花台盆景，屋后花园里有一棵百年银杏，枝繁叶茂，高大挺拔。2002年7月4日，南岸区人民政府公布其为南岸区区级文物保护单位。

二、安达森洋行旧址

安达森洋行旧址位于南岸区海狮路，现慈云寺旁。安达森洋行始建于20世纪初，为瑞典商人安达森出资修建，系重庆开埠时期的重要洋行之一。抗战时期,故宫南迁文物4000箱辗转来到重庆,租用安达森洋行4间仓库。为避免遭日军轰炸,每当日机来袭,安达森洋行便将瑞典国旗悬挂于门口,利用瑞典中立国的身份保护了故宫文物。

安达森洋行依山而建,有仓库6座,办公大楼1座。办公楼为安达森洋行的主体建筑,土木混合结构建筑,二楼一底,折衷主义建筑风格,歇山顶,小青瓦覆顶,底层毛石垒砌,二、三层砖砌立柱,夯土墙体。

安达森洋行旧址

三、卜内门洋行旧址

1891年重庆开埠后,英国著名化工企业卜内门公司(Brunner Mond&Co)于1903年在重庆开设机构,由英国商人卜内与门氏两人合伙投资,生产经营纯碱、肥料、农药等化工产品,是当今世界赫赫有名的化工企业ICI集团的前身。1915年,他们在五船路口修建了办公大楼和仓库。卜内门洋行系抗战前重庆最大的洋碱销售商,抗战后期,货源中断,业务急转直下,卜内门洋行关闭业务。

卜内门洋行旧址

位于南岸南滨路野猫溪上游的是英商卜内门洋碱公司（即卜内门洋行），与慈云寺毗邻，目前处于闲置状态，而且建筑损毁严重。由于年久失修，洋行内部的木质地板、楼体、门窗、壁炉等都已朽烂或残损，可喜的是它的主体建筑和仓库还算保存较完整。

整个建筑为碑石结构的英式建筑，西班牙式拱廊，折衷主义建筑风格，矗立在江岸的核心地带，与渝中半岛中心隔江相望。

卜内门洋行依山势而建，所以它的底部较高，楼高三层，从底部到第一层，第一层到第二层石梯、第一层外墙、内部的石板地、壁炉等都由很坚实的老石头砌成，二楼和三楼使用的是很有民国建筑风格的青砖。走近洋行大门门楣上石刻的"Brunner"和"1915"字样仍然依稀可见。这也是目前为止南滨路唯一一栋保留有建筑年代的古建筑。

四、法国水师兵营旧址

法国水师兵营旧址位于南岸区弹子石谦泰巷142号，其占地1140平方米，总建筑面积1617平方米。整个建筑坐东向西，是一栋带内庭和回廊的圈院围合式白色建筑，仿欧洲中世纪城堡风格。建筑围绕小广场四面围合，最西侧为主楼，二楼一底，南、北、西三面设有券廊。屋顶设一圈露台，裙楼二楼一底，临中心广场一侧设券廊。

法国水师兵营旧址

大门为牌楼重檐式古典建筑,原顶部并不是现在的西藏佛塔似的尖顶,而是一只展翅而立的雄鹰,两侧有一对中国石狮。牌楼上塑有"大法国水师军"字样。

该处前身为清朝北洋水师营务处,其建筑是由印度支那总督杜梅尔捐款10万法郎,"奥利"号舰长休斯特·南希负责,于1902重新动工修建的;是当时用于供军舰士兵和军官居住的营房、储存食物的仓库、修理车间和物资补给站,人称"奥当军营"。

作为法国在长江上游的控制站,它还担负着长江航道上水上警察的任务。这座历史建筑物是重庆开埠的重要见证,曾一度为法国大使馆使用,于2000年9月由重庆市人民政府公布为市级文物保护单位。

五、王家沱日租界日军俱乐部旧址

王家沱日租界日军俱乐部旧址位于南岸弹子石武警医院内体检中心旁,是王家沱日租界内唯一保留下来的建筑。

1901年9月24日,清政府川东兵备道兼重庆关监督宝棻才同日本驻重庆领事山崎桂正式签订《重庆日本商民专界约书》,划定王家沱的一段地区为日本专管租界——王家沱日租界。租界位于弹子石杨家湾复兴街、大有巷及武警二院部分土地范围内。根据民国《巴县志》重庆交涉署民国四年(1915年)档案记载,全界丈尺,深约400丈,宽约250丈,约166亩。地租分别为上等地每亩150元,中等地每亩145元,下等地每亩140元。

王家沱日租界是重庆开埠后帝国主义在重庆建立的第一个租界,也是帝国主义在重庆建立的唯一一个租界。

日军俱乐部旧址

六、亚细亚石油公司旧址

亚细亚石油公司旧址位于南岸区马鞍山56号,南岸区老区府院内。亚细亚石油公司,旧时称亚细亚火油公司(Asiatic Petroleum Company),是大名鼎鼎的壳牌石油公司的前身,曾垄断亚洲特别是19世纪上半叶中国的销售市场,是世界石油销售辛迪加之一。

1903年7月,亚细亚石油公司在伦敦成立,由英国壳牌石油和荷兰皇家石油公司联合罗特希尔德公司共同出资创办,资本额200万英镑。1906年,英国壳牌石油与荷兰皇家石油公司合并为英荷壳牌石油公司。英荷壳牌石油公司先后于1906年和1908年在香港和上海设分支机构,香港和上海的分支机构分别命名为亚细亚火油华南公司和华北公司,资本额未划定,随后在亚洲各地设立了8个分公司。华南公司的业务范围涉及华南各省、港澳及部分东南亚地区;华北公司的业务范围涉及长江流域及以北各省和朝鲜、蒙古。抗日战争期间,两公司合并,改名为中国壳牌石油公司,总部设在重庆,1946年移到上海。

亚细亚石油公司旧址

亚细亚火油公司在中国拥有庞大的多层次销售系统,销售网密布全国,并拥有船队,在上海、广州、武汉有专用码头、油池、制罐厂,在上海设有白礼氏蜡烛公司。销售产品最初为煤油,后又增加汽油、柴油、航空燃料、重油、润滑油、沥青、石蜡等。

1951年,亚细亚火油公司结束了在中国大陆的业务。

七、永兴洋行高管住宅

永兴洋行高管住宅位于下浩老街董家桥21号,修建于重庆开埠时期,是法国永兴洋行(后为吉利洋行)高级职员的住所和活动会所。

重庆大资本家黄锡滋家族曾在这里与法商谈判,用"福记航运部"与法国商号"永兴洋行"合作成立中法合资航运公司"聚福洋行",对外冠以"法商"二字对外;用来避开军阀官匪的压榨宰割,抵制同行的吞并。法国人不能参加经营管理,不问盈亏;聚福洋行每年致送法方"挂旗费"银子三万两,按月支付两千五百两。这桩"合作"也成了史料记载的全国最早的假合资。1942年6月13日,在官僚资本支持下,聚福洋行船只才改挂中国国旗。

永兴洋行高管住宅

学生实践活动

寻访立德乐洋行旧址。

活动目的

1. 了解重庆开埠历史。
2. 了解英国冒险家立德乐的传奇人生。

活动准备

1. 搜集重庆开埠的相关史料。
2. 搜集立德乐的生平故事。

活动实施流程

1. 制订活动计划。
2. 分组并确定各组承担的具体任务。

小组编号	组长	成员	任务分工
（1）			搜集资料
（2）			提前踩点确定路线
（3）			摄影摄像
（4）			现场采访
（5）			总结整理

3.实地寻访。

4.总结整理。

收获与体会

◎ 通过这次活动，我学习了重庆开埠的历史，知道了冒险家立德乐的传奇故事……

◎

反思与延伸

1.重庆开埠有什么历史意义？

2.你如何评价立德乐？

3.重庆开埠遗址为什么多选址在南岸区长江边？

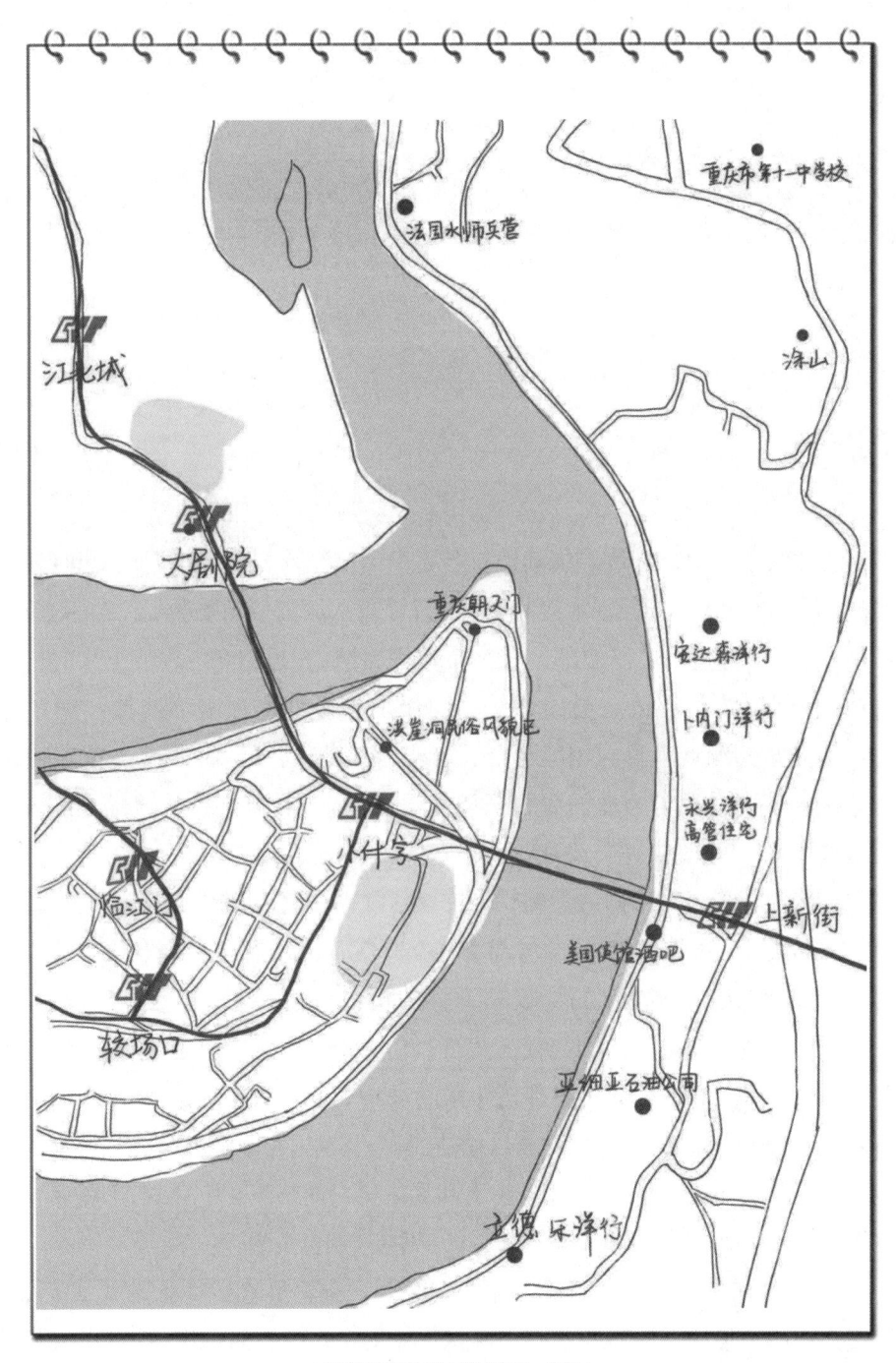

南滨路开埠遗址群(绘图:林琳)

第十二讲

外国使领馆

鸦片战争以后,英、法等国陆续打开了中国沿海及长江门户后,又想打开内陆的"后门",从19世纪60年代起,便不断寻找从缅甸、越南进入云南的通路。1874年,英国再次派出以柏郎上校为首的探路队,在近200名武装士兵的护送下,探查缅滇陆路交通。英国驻华公使派出翻译马嘉理南下迎接。1875年1月,马嘉理到缅甸八莫与柏郎会合后,向云南边境进发。2月21日,在云南腾越地区的蛮允附近与当地的少数民族发生冲突,马嘉理与数名随行人员被打死。这就是"马嘉理事件",或称"滇案"。

英国借机扩大对中国的侵略。1875年3月,英国公使威妥玛正式向清政府提出六条要求:(1)英国官员参与调查马嘉理案;(2)英属印度政府认为必要时可再派探测队前往云南;(3)赔款15万两白银;(4)立即商定办法,以实现中英《天津条约》所规定的对外国公使的优待;(5)商定办法,照约免除英商正税及半税以外的各种负担;(6)解决各地历年来的未结案件。从这时起,他断断续续同清政府进行了一年半的交涉,不断以撤使、断交及武力相威胁,多方面进行讹诈,以求实现这些要求,并将各项要求扩大和具体化。1876年8月21日,李鸿章与威妥玛在烟台正式开始谈判,9月13日签订了中英《烟台条约》。

按照该条约,英国可以派人至重庆"驻寓","查看川省英商事宜"。此后,英国紧锣密鼓地加快了敲开西南门户入主川省第一水码头的步伐。1882年,英领事贺西到达重庆。他是重庆近代对外关系史上的第一位外国使节。

1890年,随着中英《新订烟台条约续增专条》的订立,英国取得了在重庆建立领事馆的法律依据。同年,英国驻重庆领事馆在重庆方家什字麦家院子(今海航保利国际中心附近)正式建立,领事为英人禄福礼。1900年,英国驻重庆领事馆迁移至通远门内右上方的老城墙边。这是西方国家在重庆设立的第一个领事馆。当时的英国驻重庆领事馆的管辖范围主要是四川、贵州两省。

英国驻重庆领事馆的设立,使英国的对华贸易总额大大提升。1875年,重庆进口洋货仅为15.6万两白银,到1890年突破200万两白银,猛增7倍多。英国人的生意做得红火,惹得法、美等国眼红,亦纷纷要求在重庆建立领事馆。

1896年3月,经与清政府议定,法国政府在重庆城内的二仙庵设立了法国驻重庆领事馆,首任领事为原驻汉口副领事哈士。据民国《巴县志》记载:哈士乘船到达重庆那天,巴县知县国璋,带着一帮特别选派的官员,兴师动众地赶到朝天门码头,亲自迎接参拜。法国驻重庆领事馆的控制范围较之英国驻重庆领事馆更甚,不仅有四川、贵州两省,还延揽了甘肃、新疆、青海、西藏等地的事务。

1896年12月,美国也要求在重庆设立领事馆,清政府便划出通远门老城墙边五福宫前一大片土地,设立领事馆区,法国驻重庆领事馆从二仙庵迁移至此,美国驻重庆领事馆亦设在该处。原本地处僻静、道路狭仄的小街巷,因英、法、美等国先后在此设立领事馆,得名"领事巷"。

领事巷

抗战期间，随着国民政府内迁重庆，重庆逐步成为与华盛顿、莫斯科、伦敦齐名的反法西斯国际名城，各国纷纷在重庆设立大使馆或外事机构，美、英、苏、法等30多个国家在重庆设立了大使馆，40多个国家和地区设立了外事机构。至今，还有很多散发着异国风情的建筑被保存了下来，散落在城市的各个角落，等待着与你美丽邂逅。

一、苏联大使馆旧址

苏联大使馆旧址位于渝中区枇杷山正街104号，现为重庆市人民医院办公楼。此楼始建于1936年，本是原川军师长曾子唯斥巨资在枇杷山修建的一座公馆。抗战时期，苏联大使馆于1938年1月至1946年5月期间在此入驻。此楼为仿巴洛克式砖石木结构，外廊、露台、亭阁、拱形窗、罗马柱、石雕、坡屋顶等一切欧式建筑符号都堆砌在这座建筑主体上，气势雄伟可观。蒋介石曾是大使馆的常客，曾参与指挥斯大林格勒保卫战的"苏联英雄"崔可夫元帅更是驻守于此，亲自协调国共两党共同抗日。

苏联大使馆旧址

1941年，为避免日军的轰炸，苏联大使馆的工作人员迁到了南山上的一栋建筑里。该建筑原为军火商朱星文的私宅，仿哥特式建筑，民国二十八年（1939年）蒋介石购买后供外宾使用，因苏联大使潘友新在此居住较久，人称"苏联大使馆"。

南山苏联大使别墅旧址

该建筑体量大，占地宽，高高的褐黄条石基座，耸立的弧窗，雪白的立柱，在今天看来，依然显得非常洋气和时髦。和仿哥特式的洋派设计相映成趣的是屋面使用的是川东地区常见的青瓦人字斜屋顶，墙面也是低调的青砖。

二、美国大使馆旧址

美国大使馆旧址位于渝中区健康路1号（现重庆市急救中心内）。

美国大使馆于1938年6月15日迁至重庆，先后在渝中区中四路（中四路小学）、李子坝正街40号、健康路1号（现重庆市急救中心）、南岸建设岗特1号（望耳楼80号和建业岗50号）、龙门浩枣子湾等地办公。美国大使詹森于1938年6月由汉口来重庆，1941年5月初奉调任澳大利亚大使。1941年5月21日，新任大使高思由香港飞渝，5月21日递交国书。1944年11月29日，高思奉调回国，由先期来重庆的总统特使赫尔利接任大使。1945年11月，赫尔利回国，改由马歇尔接任美国大使。

美国大使馆旧址

抗战期间，美国派驻重庆的四届大使，以高思任期最长。高思在对国共两党的看法上有时与蒋介石相左，在促成新闻记者访问延安、向延安派军事观察员方面起了较好的作用。派往延安的外交官戴维斯和谢伟思，向高思和美国政府较为客观地报告了延安的情况，较为真实地反映了共产党和八路军的抗日主张和战斗精神，在美国政府客观地对待国共两党的斗争、促进共同抗日方面起了积极的作用。

三、美国使馆酒吧旧址

美国使馆酒吧位于南岸区南滨路建设岗特1号，与渝中区隔江相望。该建筑为三楼一底砖木结构西式建筑，建筑面积1040平方米，底楼和一楼由条石砌成，二、三楼为砖砌。底楼为地下室，有地道与江边码头相通，方便货物装卸。一、二、三楼房间宽敞，内设有壁炉。

美国使馆酒吧原系英国人蒲兰田公馆，后卖给美孚石油公司作办公之用。1938—1942年供美国使馆人员休闲娱乐之用，故亦称"美国使馆酒吧"。

蒲兰田，英国航海家，长江三峡最早的外国领江，曾担任川江轮船公司"蜀通"轮船长，人们习惯称他为"蒲领江"。蒲兰田在重庆工作长达28年。1900年6月20日，蒲兰田驾驶英商溥安公司的商轮"先行号"从宜昌抵达重庆港。这是入侵川江的第二艘英国商轮。1908年，蒲兰田任川江轮船公司造船顾问。1915年3月13日，海关总税务司批准重庆成立长江上游巡江司，委派蒲兰田担任重庆海关首任长江上游巡江工司之职。1917年，重庆关巡江司成立了引水教练学校，由蒲兰田主管学校教学等事务。

美国使馆酒吧旧址

四、德国领事馆旧址

德国领事馆旧址位于渝中区和平路老区府院内。1904年,设在重庆城内五福宫的德国驻重庆领事馆正式开馆。1914年,第一次世界大战爆发,该领事馆关闭。1922年5月,中德重新建交,中国同意恢复德国驻重庆领事馆。1938年9月,德国驻华大使馆迁至重庆,驻渝领事馆事务移交大使馆办理。

旧址为一栋砖木混合结构二层小楼,殖民主义建筑风格。悬山顶,设有阁楼,正立面设外廊,第一层外廊为连券式,第二层外廊为简洁柱式,有栏杆。正立面墙间开竖向大面积简洁玻璃门窗。一楼一底,每层开7间,进深10.75米,面阔22.7米,建筑面积438平方米,占地面积219平方米。

德国领事馆旧址

五、德国大使馆旧址

德国大使馆旧址位于现南岸区黄桷垭街道文峰段72号。

1938年8月14日,随着国民政府移驻重庆,德国驻华大使代办飞师尔等人抵达重庆。他们将重庆南岸德国医生保罗·阿斯米的私人别墅改建成了德国大使馆。这是一栋坐北朝南的中西合璧式建筑,处在文峰塔下,后临向家坡。占地100多平方米,二楼一底,砖石结构,建筑面积300多平方米,高13米;除建筑物外,现尚存德国医生墓碑一块。1941年7月1日,德国正式承认南京的汪伪政权,国民政府与德断交。太平洋战争爆发后,国民政府正式对德宣战,封闭了重庆的德国大使馆。

德国大使馆旧址

保罗·阿斯米,德国医生。后到中国行医并结婚。妻子是一名汉口女子,名叫刘顺琼,1939年卒于重庆。两人育有三个子女,小女儿伊丽莎白生于重庆。为扩大德国文化和政治影响,于1906年受德国领事馆委托,从宜昌来到重庆开办诊所兼医疗学院。在重庆安顿后,修建了在战时作为德国大使馆的私人别墅。1935年卒于重庆,其墓位于重庆南山德国大使馆遗址外。

保罗·阿斯米

六、法国大使馆旧址

法国大使馆旧址位于南岸区南山植物园内,重庆市级文物保护单位。1938年8月15日,法国大使馆迁抵重庆,初设于今渝中区领事巷。为躲避日机轰炸,使馆曾在南山双龙村租用过一处别墅,后迁至此处。这处别墅原为留法医生汪代玺所建。该建筑为一栋砖木混合结构单层建筑,折衷主义建筑风格,人字坡屋顶,机制大瓦覆顶,设柱廊,现为南山植物园标本馆。

法国大使馆旧址(甘立蓉 摄)

七、西班牙公使馆旧址

西班牙公使馆旧址位于南岸区南山植物园茶园内。抗战时期,西班牙公使馆随国民政府迁至重庆,办公于此。

该建筑为一栋砖木混合结构建筑,典型的西班牙地中海别墅风格,建筑平面"一"字式布局,中间二层,两侧一层,人字坡岭,机制板瓦覆顶,砖砌墙体,灰色水泥抓面;建筑内部使用木质地板、楼梯,设有壁炉,屋顶烟囱被处理成阁楼样式,阁楼中灰塑白鸽一只,屋顶坡度较缓,设有较大的露台。

西班牙公使馆旧址

八、澳大利亚公使馆旧址

澳大利亚公使馆旧址位于渝中区鹅岭公园内,现为鹅岭公园管理处。1941—1946年,澳大利亚首届驻华公使团设驻于此。该建筑有两栋。办公楼为主体建筑,为一栋砖木混合结构二层小楼,折衷主义风格,面阔18.6米,进深15米,通高13米。另一栋为小青瓦悬山顶平房,长7.2米,宽5.2米。使馆四周以围墙围合,上开有巴洛克风格石砌拱门。

澳大利亚公使馆旧址

学生实践活动

寻访苏联大使馆、美国大使馆。

活动目的

1.参观苏联大使馆、美国大使馆。

2.回顾二战历史,重温世界反法西斯阵营间的友谊。

活动准备

1.搜集美、苏协助中国抗日的历史资料。

2.确定美、苏大使馆的位置,并制作寻访路线图。

活动实施流程

1.制订活动计划。

2.分组并确定各组承担的具体任务。

小组编号	组长	成员	任务分工
（1）			搜集资料
（2）			提前踩点确定路线
（3）			摄影摄像
（4）			现场采访
（5）			总结整理

3.实地寻访。

4.总结整理。

收获与体会

◎ 通过这次活动,我终于知道了抗战时期美国和苏联大使馆在陪都重庆的位置……

◎

反思与延伸

1. 二战时期重庆在世界上所处的地位如何?

2. 中国在世界反法西斯战争中作出了哪些贡献?

3. 大使馆、领事馆和公使馆有何区别?

重庆古迹遗址寻踪

第四篇

遗址星罗

第十三讲

巴蜀中学周边古迹遗址群

巴蜀学校老校门

一、巴蜀学校老校门

巴蜀学校创办于1933年,创建人乃原国民政府四川省主席、爱国将领王缵绪。它坐落于枇杷山麓、嘉陵江畔的张家花园。建校初期,巴蜀学校只有小学部,1936年增设初中部,现在我们还能看到的巴蜀老校门就是建于这个时期。巴蜀老校门就是当时的主校门,当时的学生主要是沿中山路到观音岩,再沿现在中山医院旁的山城步道走路或坐滑竿到现在的巴蜀老校门进学校。新中国成立后,由于技术原因迟迟没有修好的一号桥终于竣工,北区路终于建成通车,从北区路到学校的地势更加平缓,为了方便师生进出,学校决定在北区路开设一个新校门。此校门随着时间的推移逐渐成为巴蜀学校的大校门,巴蜀老校门的功能逐渐弱化,最后被封,仅留四根残柱。2004年,渝中区政府修建山城步道,将巴蜀老校门恢复原貌,供游人观瞻。

二、棫(yù)园

位于巴蜀中学后校门旁的棫(yù)园是抗战时期中华全国文艺界抗敌协会(简称"文协",后几经演变为现在的中国文学艺术界联合会,简称"文联")旧址。"文协"成立于1938年,周恩来、孙科、陈立夫任首届名誉理事,包括郭沫若、老舍、巴金、胡风、朱自清、丁玲、吴组缃、田汉在内的一些文艺大家都曾是"文协"骨干。

中华全国文艺界抗敌协会旧址(棫园)

三、陈诚公馆

陈诚公馆位于石黄隧道上方协信公馆小区内。陈诚公馆是当年陈诚将军在这里办公、接待外宾的地方,很多影响近代历史的重要会议、决策,以及重要的事件都在这里发生。

陈诚公馆

陈诚(1898—1965年),汉族,浙江丽水人,字辞修,乳名德馨,别号石叟。陈诚在中国近代史上是一位军事与政治才干都很出色的重量级人物。1930年8月,任十八军上将军长。1938年,南京政府迁至武汉,陈诚任湖北省政府主席、武汉卫戍司令、第六战区司令长官。1946年,任参谋总长兼海军总司令。

四、重庆中法学校旧址

重庆中法学校创办于1925年9月,是吴玉章与重庆团地委负责人杨闇公、冉钧等筹建的培养革命干部的大学。曾在北京参与开办中法大学的吴玉章,把该校作为中法大学四川分校,并任校长。中法学校从学校筹建到开学,只用了半个多月。

重庆中法学校的创办为全国大革命培养出了一大批革命运动的骨干力量。如广州起义中的女兵班长游曦、井冈山时期红三军军长徐彦刚、红七军军长张锡龙、我国革命文艺运动的先驱、新中国电影缔造者之一阳翰笙、前国家主席杨尚昆、公安部前部长罗瑞卿大将、长期担任重庆市主要领导职务的任白戈,等等,都是重庆中法学校的学生。重庆中法学校还是重庆最早的中共党组织之一——中共重庆支部的诞生地。

目前,除位于人民路117号(大溪沟派出所背后)原重庆中法学校校长办公楼(吴玉章旧居,现为重庆市文物保护单位)未拆除外,其余建筑均被拆除。

重庆中法学校旧址

重庆最早的中共党组织诞生地纪念墙

五、大溪沟发电厂及专家招待所旧址

大溪沟发电厂专家招待所旧址位于人民路与北区路连接处的十字路口附近,紧邻人民路小学,是重庆市文物保护单位。其背后就是发电厂旧址。

大溪沟发电厂于1932年开工兴建,最早安装三台1000千瓦机组,是当时西南地区最大的火力发电厂。1938年,装机容量达到1.2万千瓦,是当时全国一等电力企业。大溪沟发电厂孕育了重庆电力的雏形,奠定了重庆电力工业发展的基础。新中国成立前夕,在党组织领导下发电厂开展了护厂运动。

大溪沟发电厂专家招待所旧址

大溪沟发电厂旧址标志碑

六、国民政府立法院、司法院、蒙藏委员会旧址

国民政府立法院、司法院、蒙藏委员会旧址位于重庆市渝中区中山一路312号，它以"近现代重要史迹及代表性建筑"的身份，晋身为第七批全国重点文物保护单位。1935年，自贡人李义铭兄弟集资在观音岩的荒地上修建了私立义林医院。1937年7月，全面抗战爆发，国民政府迁都重庆，便将这栋古色古香的建筑征作立法院、司法院及蒙藏委员会办公之用。

国民政府立法院、司法院、蒙藏委员会旧址

国民政府立法院、司法院、蒙藏委员会、内政部等机构及重庆市卫戍警备司令部先后征用义林医院办公。

时任立法院院长孙科,毕业于美国加利福尼亚大学。他在理念上十分欣赏英美的民主制度,多次宣称民主主要是法律制度和选举程序的完善。在任立法院院长期间,孙科主持起草了《五五宪章》,想通过条文完备的立法形式来确立国民党的统治地位。

蒙藏委员会为中央主管蒙藏政府的最高机关,初直属国民政府,后又划给行政院。抗战胜利后,均随国民政府迁回南京。

七、抗建堂旧址

抗建堂旧址位于重庆市渝中区中山一路181号,被誉为"中国话剧的圣殿"。

抗建堂旧址

抗建堂建成于1941年4月,是专供演映抗战戏剧电影的剧场,时任国民政府主席林森取战时全民口号"抗战必胜,建国必成"之义为剧场亲笔题名"抗建堂"。抗战时期,重庆成为大后方戏剧运动的中心,一大批知名的作家、导演、演员云集重庆,话剧运动在重庆形成了空前的高潮。1940年4月,政治部第三厅厅长郭沫若兼任中国电影制片厂所属的中国万岁剧团团长后,决定新建一处话剧剧场,以解决当时重庆剧场奇缺的困难。名导演史东山的夫人华旦妮具体负责改建工程。

郭沫若、曹禺等一大批文化人曾在抗建堂宣传抗日救亡,中国万岁剧团、中央青年剧社、中华剧艺社等著名话剧团体及舒秀文、张瑞芳、秦怡等名角先后在抗建堂演出,郭沫若《棠棣之花》《虎符》、曹禺《北京人》《雷雨》、吴祖光《牛郎织女》等经典话剧的上演让抗建堂成为中国话剧的圣殿。

八、菩提金刚塔

菩提金刚塔位于重庆市渝中区观音岩,是重庆市文物保护单位。

明末清初,张献忠攻下通远门进入重庆城后杀人无数,暴尸于七星岗,从此七星岗成了人人畏惧的"鬼岗"。1929年2月,潘文华出任首任重庆市长,他把通远门到上清寺一带开辟为新市区,清理了七星岗的全部坟墓,从而获得大片土地,重庆城区面积也扩大了一倍。

菩提金刚塔四周有低矮围墙。底层的四角装饰有四根罗马柱,并结合了当时流行的欧式建筑元素。佛塔最底层是向内递收的方形须弥座,座上是两层方形塔座,装饰有水平线脚字的碑记和经文。再往上是塔宝瓶、塔脖子、十三天(相轮)与石幡宝盖。佛塔建在"凸"字形台基上,甚为壮观。

菩提金刚塔建成后,潘文华诚请藏传佛教爱国高僧多杰格西为金刚塔装经开光,法学家张心若为金刚塔撰写碑文。

菩提金刚塔

学生实践活动

寻访中华全国文艺界抗敌协会旧址（械园）、巴蜀老校门、重庆中法学校。

活动目的

1. 了解全国文艺界在抗战时期的事迹和贡献。

2. 了解发生在巴蜀中学的抗战故事。

3. 瞻仰重庆最早的中共党组织诞生地——重庆中法学校。

活动准备

1. 搜集中华全国文艺界抗敌协会的相关史料。

2. 搜集巴蜀中学与抗战的相关史料。

活动实施流程

1. 制订活动计划。

2. 分组并确定各组承担的具体任务。

小组编号	组长	成员	任务分工
（1）			搜集资料
（2）			提前踩点确定路线
（3）			摄影摄像
（4）			现场采访
（5）			总结整理

3. 实地寻访。

4. 总结整理。

收获与体会

◎ 通过这次活动,我终于知道了后校门旁边械园的来历……
◎

反思与延伸

1. 械园的"械"是什么意思呢?
2. 有哪些文艺界名人在械园活动过呢?
3. 抗战时期巴蜀中学除了械园还有哪些古迹遗址呢?
4. 巴蜀中学的老校门为什么开在小巷子里?

巴蜀中学周边古迹遗址群（绘图：林琳）

第十四讲

七星岗古迹遗址群

七星岗位于重庆主城区通远门外,是一个小山岗。在晚清的重庆城区地图上,七星岗都还被标注为"七星缸"。旧时重庆城最怕的是火灾,因而到处都要用池、缸之类设施来储备水,以防万一发生火灾好扑火。"七星缸"原来是用于消防储水的七口按北斗七星排列的大石缸,后来逐渐演化为地名"七星岗"。七星岗附近有大量的古迹遗址,有战国时期巴蔓子将军墓、大韩民国临时政府旧址、打枪坝水塔、"三三一"惨案纪念雕塑、王缵绪公馆、郭沫若故居、天主教若瑟堂、新华日报营业部旧址等。

一、巴蔓子将军墓

但懋辛

巴蔓子将军墓坐落在渝中区七星岗莲花池渝海家具城旁。

墓地为拱形石洞,墓长4.78米,宽5.2米,高2.6米,面积约20平方米。墓冢由条石砌成六角形,顶为圆形,以三合灰封砌。墓前有石砌仿木结构歇山式房盖,正面嵌青峡石碑,现存墓碑为辛亥革命元老但懋辛题,正中墓碑上篆书"东周巴将军蔓子之墓",上款:中华民国十一年十二月吉旦,下款:荣县但懋辛题。(注:但懋辛为辛亥革命元老,民国陆军上将,参加过黄花岗起义,曾任蜀军政府参谋长、四川军政府成都府知事兼四川团务督办、四川靖国军第一军军长、代省长、川军第一军军长,新中国成立后曾任西南行政委员会委员兼司法部部长。)

巴蔓子墓本来是在地表的,20世纪20年代重庆市长潘文华在扩城修路过程中,将巴蔓子墓一段的低谷填高,墓园遂被置于马路的堡坎之下。新中国成立后彻底返修七星岗一段马路,"加宽再削平",从此巴蔓子就被掩埋在民生路之下的石拱洞内。当时在公路旁是能看到巴将军墓的,直到20世纪90年代,墓园上方盖起了一座28层楼高的渝海大厦,巴将军墓从此"不见天日"。

巴蔓子将军墓

巴蔓子将军事迹

据《华阳国志》记载,战国中期,巴国国内发生武装叛乱,但此时巴国已经衰落,兵力不足,于是将军巴蔓子决定向东边邻国楚国借兵,平定叛乱。楚王要求巴蔓子割让三座城池作为出兵条件,巴蔓子对楚王说,巴国百姓正在遭受灾难,时间耽搁不得,并许诺平定后,如果楚国未得到三座城池,就把脑袋献给楚王。得到楚国援兵后,巴蔓子平息了国内叛乱。楚国派出使者要求巴蔓子兑现承诺,巴蔓子说,将军有守土之责,不能将城池割给他国,但他会信守承诺,用他的头颅答谢楚王。说完,巴蔓子随即拔剑自刎。楚使带着巴蔓子的首级回国复命,楚王知情后十分感慨,如果楚国能得到巴蔓子这样的将军,又怎么会在乎几座城池呢?楚国厚葬了巴蔓子将军的头颅,巴国以上卿之礼为巴蔓子举行了国葬。

巴国城巴蔓子将军雕像

缅怀巴蔓子将军的诗文、对联

巴县乡贤赵朗云《巴蔓子墓》联：

霸业久销沉，楚子何曾留寸土；荒坟犹耸峙，将军依旧镇三巴。

清道光年间黄中瑜所作《吊巴蔓子墓》：

一个尸留两地香，想见当年气英武，身前为国清干戈，身后乡祠祀尊俎。
兴亡事亦只寻常，气壮山河万万古，巴人楚人今安在，犹剩将军一抔土。

清康熙进士龙为霖所作《踏青过巴蔓子墓》：

刎颈高风悬日月，存城旧事邈山河。行经西路孤坟惯，思入东风芳草多。
得如此臣真足矣，无降将军更如何。廉颇生懦归忠魄，岁岁游人莫浪过。

清乾隆年间巴县知县王尔鉴所作《巴蔓子墓》：

穹窿哉，蔓子墓，渝城颠，石封固。
多少王侯将相陵寝穴，樵儿独此屹立，两江虹势迥盘护。
头断头不断，万古须眉宛然见。城许城还存，年年春草青墓门。
君不见，背弱主，降强主，断主之头献其土。
又不见，明奉君，暗通邻，求和割地荣其身。惜哉不识蔓子坟。

清道光年间万县训导龚珪《巴蔓子墓》：

信固不可失，城尤不可与，身不妨碎城当全，身碎定当残垒补。
戈同挥鲁阳，触异颓天柱。
吾安复用吾头戴，气屹金镛壮千橹，荒邱尚余腔血热，草木都作毛发竖。
风怒号助石马嘶，月阴森疑翁仲语。将军英魄作保障，流览河山卫旧部。

清咸丰年间户部侍郎、兵部侍郎何彤云所作《巴蔓子墓》：

臣头可得城难与,一剑临风谢强楚,将军真是社稷臣,不惜一身保疆土。
碧血藏向巴山头,巴山山下江水流,龟筮不言近朝市,佳城郁郁春复秋。
焉知阅世三千年,一抔乃入丞相园;丞相行乐期无死,岂肯与鬼为比邻?
削平丘垄起楼阁,那恤忠愤埋九原!经营未尽豪华歇,将军之墓万古存!

此诗中何彤云除了歌颂巴蔓子,对明朝崇祯年间礼部尚书王应熊霸占巴蔓子墓,用来修建私家豪宅这一不尊重古迹的行为也有所谴责。

唐贞观八年(634年),太宗皇帝李世民念巴蔓子将军的忠仁,改其故里"临州"为"忠州"(即今重庆忠县)。

二、大韩民国临时政府旧址

大韩民国临时政府旧址,位于重庆市渝中区七星岗莲花池38号,是大韩民国临时政府在中国时期的最高权力机构所在地,占地约1300平方米,建筑面积约1770平方米。五栋复原陈列楼房,以砖木为主要建材,在保留原建筑的基础上,最大限度地按原貌恢复了当年韩国临时政府办公遗址风貌。现已开辟为大韩民国临时政府旧址陈列馆,馆内有陈列展厅、陈列房间、实物、文物资料等。

大韩民国临时政府旧址

大韩民国临时政府简介

　　大韩民国临时政府是朝鲜半岛在日韩并合后,于1919年4月在上海成立的一个流亡政府,被称为"韩国民族独立运动的圣殿",中韩建交以来所有韩国总统必然莅临朝圣。大韩民国在上海正式确立废除君主制,成立民国;在上海选举出了大韩民国历史上第一任总统、第一任总理和第一任所有部长级长官;在上海召开了大韩民国历史上第一次政府代表会议;在上海成立了大韩民国历史上第一个议会;在上海通过了大韩民国历史上第一部宪法;今天的韩国政府亦以在上海成立临时政府的1919年作为大韩民国的开国元年。

　　抗战时期,随着国民政府西迁重庆,韩国临时政府的代表、部分家属与韩国临时政府主要领导人金九等陆续抵达重庆。之后临时政府领导机构的全体成员也从镇江,经长沙、广州、柳州等地辗转到达重庆远郊的綦江县(今綦江区)沱湾镇,于1940年9月又移驻巴县土桥乡屏都镇。韩国临时政府在屏都住了长达四年之久,除租用部分办公用房外,还自己修建了礼堂和宿舍。大韩民国临时政府于1940年9月17日在中国战时首都重庆成立韩国光复军总司令部,李青天将军出任总司令,李范奭(shì)将军出任参谋长。1941年12月8日,太平洋战争爆发,12月9日,大韩民国临时政府发表对日宣战声明书,正式对轴心国宣战,并宣布重庆为大韩民国"借地办公"的临时首都,重庆成为中韩两个国家的政府办公地。

1940年,韩国光复军在重庆成立,刘峙将军代表国民政府致贺。(右为韩国临时政府主席金九)

因地处偏远导致工作不便,韩国临时政府便在市中区(今渝中区)七星岗莲花池街租了一处行馆(现为莲花池38号),稍加修建后,于1945年初迁往该处办公。1945年9月,在汉城(今首尔)总督府举行了日本投降仪式。11月5日,韩国临时政府主要官员乘专机离开重庆回国。为感谢中国人民的深情厚谊,金九在起飞前发表的《致中华民国朝野人士告别书》中称:"抗战八年来,敝国临时政府随国府迁渝,举凡借拨政舍,供应军备,以及维持侨民生活,均荷于经济百度艰窘之秋,慨为河润。"

三、打枪坝水塔

打枪坝是通远门到水厂之间的一处坝子,位于通远门城墙最西面,地处重庆城最高处。打枪坝三面是古城墙,城墙上是一大块平地,呈喇叭口状,最窄处只有几米,由于最窄处形似乌龟尾巴,旧时地名也叫"龟尾巴"。平地向通远门城门和领事巷方向延伸,逐步变宽,形成重庆城最大的一块坝子。清代此处设有驻军炮台,坝子宽阔,官兵常在此演练射击,故名"打枪坝"。

打枪坝水塔顶部

打枪坝水塔底部

打枪坝水塔位于领事巷附近,在打枪坝自来水厂内净水池南侧,用砖石建造,塔身表体由水泥砂浆及磨石组成,建筑形态略带欧式,属折衷主义建筑风格。塔身分三层,塔底为圆形,直径10.5米,东、西、南、北四面均有五步石梯。底层共有16根立柱,二层为圆形石垒,三层为方形,也有16根立柱。

重庆是山城,虽被两江环抱,但由于地势陡峭,市民用水十分困难。由于取水困难,老重庆诞生了挑水夫这个特殊行业。市面上有挑水的挑夫靠着人力,从江里挑来水卖给居民。据史料记载,清末民初,重庆城的挑水夫约有6000人,到了20世纪初,挑水夫已达2万人。20世纪20年代初,潘文华任重庆商埠督办公署督办,为了解决多年来居民生活用水困难,决定兴建一座自来水厂。消息一出,得到了社会各界的广泛支持,一笔笔捐款纷至沓来。为利用地形优势供水,自来水厂的厂址选在老城的最高点打枪坝,水厂也因此得名。1929年2月,打枪坝水厂开始动工,由获得过"德国国家工程师"称号的税西恒规划设计。1932年,打枪坝水厂及水塔建成,并试行向城区通水,1934年2月实现正常供水。整个供水工程,由大溪沟设起水站,把嘉陵江水抽到打枪坝,在打枪坝设立制水区,再经南、中、北三条管道将水送到城内各处。打枪坝水厂的落成,初步解决了市民吃用水难、消防无水可用的困难。从此,重庆城结束了无自来水的历史。

值得一提的是,在20世纪20年代,城市自来水工程十分艰巨浩大,我国多个城市修建水厂都是由外国人规划设计的。与之不同的是,重庆打枪坝自来水厂,从规划设计到施工监管,全由我国的技术人员主持,这在中国近现代给水工程史上还是第一次。

税西恒生平

税西恒(1889—1980年),名绍圣,泸州凤仪乡人。早年就读于上海中国公学。1911年,加入同盟会。后参与谋杀摄政王的活动,事泄,随机应变,幸免于难。次年,考上公费赴德留学,入柏林工业大学机械系。1917年,由于成绩优异,获德国"国家工程师"称号,任德国西门子电力公司设计师,不久回国,从事实业救国。1929年,重庆开办自来水公司,聘税西恒任总工程师。1935年,任重庆大学

税西恒

工学院院长兼电机系主任。新中国成立后，历任九三学社重庆分社主任委员和六届中央委员会副主席，西南军政委员会文教委员，重庆市政协副主席。1980年6月18日，病逝。

四、"三三一"惨案纪念雕塑

"三三一"惨案纪念雕塑位于通远门城墙遗址公园内，鼓楼巷渝中区区级机关幼儿园大门旁。

1927年3月24日，北伐军攻占南京，当地民众举行庆祝集会，遭到英国军舰开炮轰击，打死打伤2000余人。消息传到重庆，中共重庆地委决定于1927年3月31日在通远门打枪坝以"重庆工农商学兵反英大同盟"的名义，举行"重庆各界反对英美枪击南京市民大会"。军阀刘湘阴蓄异心，决定乘机镇压革命。当日上午11时，大会正要宣布开始，预先化装混杂在群众

"三三一"惨案纪念雕塑

中的刘湘二十一军所属之师三师王陵基部和七师蓝文彬部士兵，以及巴县团阀申文英、曹燮阳所属民团团丁，便开枪挥刀舞棍进行血腥大屠杀，一直持续到下午二时左右，造成300多人死亡，重伤七八百人。大会主席团总主席、著名经济学家、国民党左派漆南薰、国民党左派将领陈达三当场牺牲。这就是"三三一"惨案。

惨案发生后，中共重庆地委书记杨闇公于4月4日动身去武汉向中央汇报工作时，不幸被捕，被囚禁在佛图关蓝文彬七师的司令部，面对敌人的利诱和严刑，他坚贞不屈，大义凛然，高呼："打倒帝国主义！""打倒军阀！""中国共产党万岁！"军阀震惧，割其舌，断其手，剜其目，最后他身中三弹，于1927年4月6日壮烈牺牲于佛图关。他以生命和热血实践了自己的人生格言："人生如马掌铁，磨灭方休。"

杨闇公生平

杨闇公（1898—1927年），又名杨尚述，字闇公，重庆潼南人。

杨闇公是中国共产主义运动先驱者、四川党团组织主要创建人和大革命运动的主要领导人，重庆革命领袖。1917年，东渡日本，寻求救国救民之道，回国后与吴玉章等在四川从事建党工作。1924年1月，秘密组织"中国青年共产党"。1925年，自行取消中国青年共产党，加入中国共产党，任重庆团地委组织部长、书记。创办重庆中法学校。1926年2月，经中共中央批准，任中共重庆地方执行委员会首任书记，领导四川国共合作，后兼任军委书记，与朱德、刘伯承、陈毅共同发动领导了顺泸起义。1927年，"三三一"惨案后不幸被捕，1927年4月6日牺牲。

在杨闇公带领下，杨家多人参加革命，曾被称为"当代杨家将"。他的两个弟弟杨尚昆、杨白冰（杨尚正）后来都成为我党我军的重要领导人。

杨闇公

五、王缵绪公馆

王缵绪公馆位于渝中区七星岗街道金汤街64号。该建筑修建于1931年坐西朝东，三楼一底，建筑面积1060.96平方米，占地面积380平方米。原有垣墙围护，内部仿欧式装修，铺设木质地板、安装壁炉等。新中国成立后，王缵绪公馆由重庆市第一人民医院使用，后由重庆市妇幼保健院使用至今。

王缵绪公馆

王缵绪生平

王缵绪（1885—1960年），字治易，四川西充人。国民革命军陆军上将，曾任第二十九集团军总司令、四川省政府主席、国民党五中全会代表、第六届中央执行委员。

1908年，王缵绪从四川陆军速成学堂毕业后，历任见习排长、连长、营长、团长、旅长、师长等职。1935年10月，任四十四军军长。1938年，任第二十九集团军总司令率部出川抗日，同年4月兼任四川省政府主席。1942年，任第六战区副司令长官。

王缵绪

1944年，任第九战区副司令长官。1945年2月，调任重庆卫戍司令部总司令。先后参加了武汉会战、随枣会战、枣宜会战、湖滨战役、鄂西会战、常德会战、长衡会战等重大战役。王缵绪将军曾在大洪山阵地前给官兵训话说："各位官长，各位兄弟，莫要开口说四川，我们是中国人，努力抗战不单为四川争光，是为中华民族争生存……"

1949年，率部起义，历任川西文物保管委员会副主任、西南军政委员会参事、四川省政府参事、四川省政协委员。1960年11月，病逝。

王缵绪个人最大爱好为书法、诗词和收藏。1951年，将其毕生收藏分别捐赠给川西博物院和重庆市博物馆（今重庆中国三峡博物馆）。

王缵绪将军一生中还有一个为后人称道的巨大贡献就是创办了巴蜀学校。1929年底，秀才出身的王缵绪将军为实现自己"教育救国"的理想，以10万银圆买下张家花园，筹备创建巴蜀学校。对于王缵绪决心投身教育的举动，刘湘军长给予了理解和支持，1930年底巴蜀学校的第一座校舍建成。为感谢刘湘对巴蜀学校的支持，王缵绪将第一座校舍命名为"湘院"。

1932年8月，巴蜀学校聘请周勖成先生来校担任校长。1933年2月12日，学校（只有小学部）正式开课。1936年8月，添办初中。1946年8月，增设高中，添办幼稚园，至此形成了完整的基础教育体系。

巴蜀中学大校门

六、国民政府军事委员会政治部第三厅旧址

国民政府军事委员会政治部第三厅旧址位于天官府8号,修建于20世纪30年代,原名"天庐"。1938年底,国民政府军事委员会政治部第三厅迁入重庆,落脚于此。在厅长郭沫若领导下,这里承担了抗战文化界的重任,文化名流经常在此聚会,茅盾、老舍等是这里的常客。

在渝期间,郭沫若创作了《屈原》《棠棣之花》《孔雀胆》《天国春秋》等6部历史话剧,天官府8号见证了这段历史。

旧址大门 　　　　国民政府军事委员会政治部第三厅旧址

学生实践活动

寻访巴蜀中学创办人王缵绪将军公馆、巴蔓子墓。

活动目的

1. 深入了解巴蜀中学创办人王缵绪将军。
2. 学习巴蔓子将军的家国情怀。

活动准备

1. 搜集王缵绪将军的相关史料。
2. 搜集巴蔓子将军的相关史料。

活动实施流程

1. 制订活动计划。
2. 分组并确定各组承担的具体任务。

小组编号	组长	成员	任务分工
（1）			搜集资料
（2）			提前踩点确定路线
（3）			摄影摄像
（4）			现场采访
（5）			总结整理

3. 实地寻访。
4. 总结整理。

收获与体会

◎ 通过这次活动,我更深入地了解了巴蜀中学创办人王缵绪将军……

◎

反思与延伸

1. 巴蔓子将军的家乡是重庆的哪个地方?
2. 巴蜀学校的第一栋教学楼在现在的哪个位置呢?
3. 你知道王缵绪将军在抗日战争中的事迹吗?

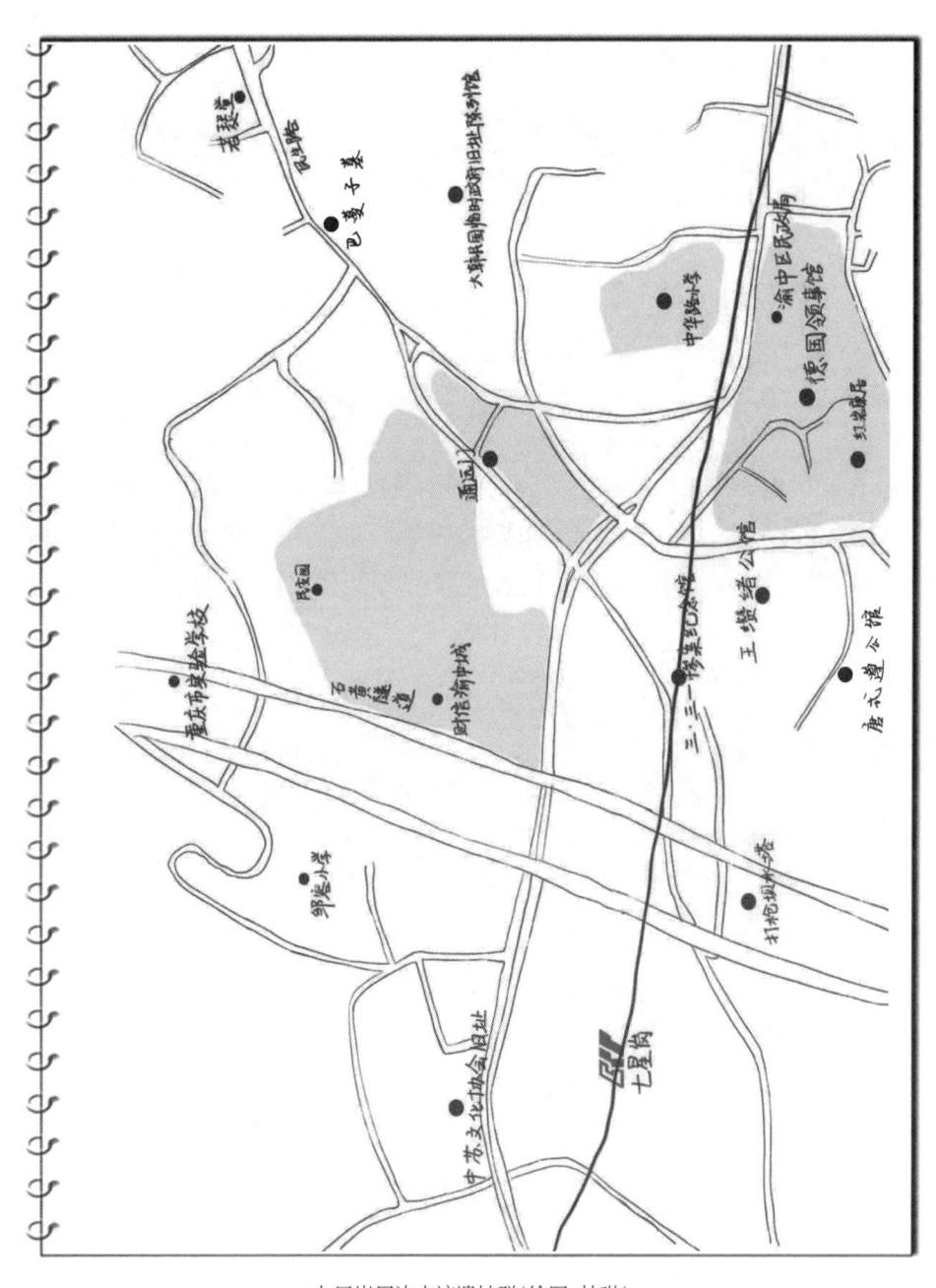

七星岗周边古迹遗址群（绘图：林琳）

第十五讲
江北城古迹遗址群

江北城地处重庆主城核心区,长江与嘉陵江交汇处,与渝中半岛解放碑朝天门(渝中区)、弹子石(南岸区)构成"金三角"。提起江北城,很多人会联想到大剧院、科技馆,可是不知道你有没有想过,这里为什么被称为"江北城"呢?难道这里曾经有一座古城?其实早在殷周时代,江北城即为巴人聚居地之一。巴郡、江州的治所曾短暂设于江北城,后又还迁"南城(即重庆城)",清嘉庆至咸丰年间,江北城历经三次大规模筑城。

第一次在清嘉庆二年(1797年),为防白莲教义军,由江北同知署同知李在文组织乡绅士民捐款,修筑周长2.5千米的土城墙,开设嘉陵、镇安、问津、岷江四个城门,史称"嘉庆四门土城",土城不久即垮塌,嘉庆十一年(1806年)又作修复。

第二次在清道光十三年(1833年),新任同知高学濂发动绅商集资万金,从巴县请来通晓工程的黄云衢主持改建城垣,将土城改筑为石城,后高学濂调任新职,工程中断。继任同知满洲正白旗人福珠朗阿上任后,又再次张贴告示,劝谕乡绅富商捐助重新修筑城门。工程历时19个月,于清道光十五年(1835年)三月建成文星、问津、镇安、保定、金沙、汇川、觐阳、东升八道石门,史称"道光八门石城"。

第三次在清咸丰十年(1860年),江北厅新任同知符葆巡视江北城垣之后,感到西北方向防守薄弱,遂筹资重新修筑外城墙,增建嘉陵、永平二门。至此,江北城共建有10个城门,分别为保定门、觐阳门、汇川门、东升门、问津门、文星

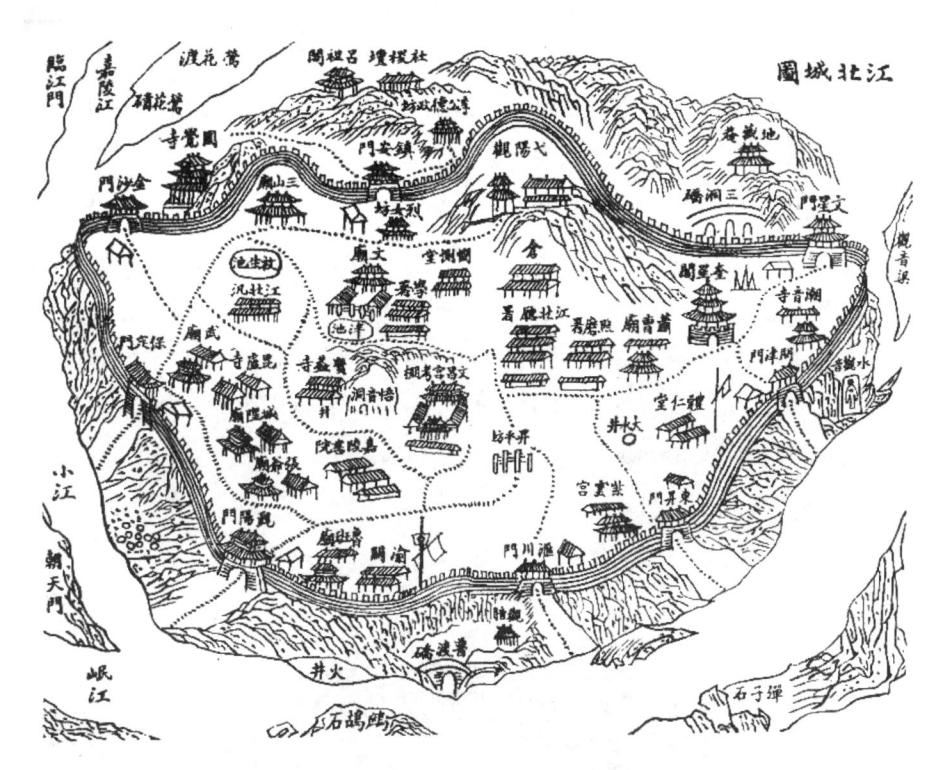

门、金沙门、镇安门、永平门、嘉陵门，城垣围合面积近1平方千米，史称"咸丰十门石城"。

清道光二十四年（1844年）制江北城地图

江北城历经大规模的拆迁改造，现在还有没有遗迹可寻呢？幸运的是我们还能看到其中的两座城门——保定门和东升门。保定门在大剧院靠近千厮门大桥一侧的江边，东升门在大剧院向朝天门大桥方向前行几百米的路边。前几年还能看到问津门，现在已被埋压在潮音寺附近的边坡下。

保定门

在江北城片区，除了保定门还有明玉珍睿陵、测候亭、天主教德肋撒教堂（异地复建）、梁沱水观音、忠信涉波涛题刻等几处历史遗存。

一、明玉珍睿陵

明玉珍"睿"陵位于江北嘴现天主教德肋撒教堂对面的山坡上,此山被称为"宝盖山","睿陵"东近长江,南濒嘉陵江,视野开阔,颇为壮观。1982年3月底至4月初,在江北城上横街重庆织布厂扩建厂房的工地现场,埋没达数百年之久的明玉珍墓——"睿陵"重见天日。墓为长方形式竖穴石坑,坑之上部为泥沙石层,下部为原生砂岩层,岩质坚硬,因山势倾斜,墓坑呈前浅后深状,前壁高2米,后壁高3.2米。同时出土的还有"玄宫之碑"及龙袍、金杯、银锭等珍贵文物。玄宫之碑碑首作八角形,额刻"玄宫之碑"四字,篆书。碑文正书24行,正文每行47字,全碑共1004字,记述了明玉珍元末起兵和建立大夏政权的经过,是一篇重要的历史文献。1983年,明玉珍"睿陵"被确定为重庆市级文物保护单位,并在原墓址上修建了明玉珍"睿陵"陈列馆。

明玉珍"睿陵"陈列馆

明玉珍墓棺椁 　　　　玄宫之碑

明玉珍生平

明玉珍(1329—1366年),元末农民起义军领袖,元末大夏政权的创建者。22岁时参加徐寿辉领导的天完红巾军,任统军元帅。他作战勇猛,右眼因负伤失明。后奉命领兵西征,由巫峡入蜀,占领重庆,摧毁了元朝在四川及周边地区的残暴统治。1363年,在重庆称帝,国号大夏,年号天统。随后,建立各项统治制度,赋税以十分取一,并开科取士。在其管辖范围内较早地实现了社会安定、生产的恢复和发展。在当时动荡的局面下,他所采用的政策是具有积极作用的。1366年,明玉珍病故,其10岁独子明升继承皇位,改元开熙。后明升被朱元璋用武力迫降。明氏后裔被遣送至高丽(今朝鲜半岛)安置。目前,在韩国的明氏后裔已繁衍到第30代,约有26000人。现在每年的阴历二月初六,明玉珍的韩国后裔都要来睿陵祭拜。

明玉珍铜像

二、测候亭

测候亭位于江北嘴天主教德肋撒堂背后,为原址修复,当地人称它"八角亭"。整个建筑约两层楼高,砖石建筑,挑檐屋顶,外壁上阴刻阴阳八卦等图样,远观别致而漂亮,测候亭墙体一侧还刻有"江北县建设局测候所,民国二十一年一月建"一行大字。

测候亭

这座测候亭是整个西南地区最早的官办气候测量机构。之所以选择在这里建测候所,主要是因为江北嘴背山临江的独特条件。由于1932年江北嘴地区归江北县管辖,所以决策修建的是当时的江北县建设局。抗战时期,测候亭观测的天气数据是重庆制订防空袭方案的重要参考资料。

三、天主教德肋撒堂

天主教德肋撒堂,位于重庆江北嘴中央商务区中央公园,原址在江北城米亭子13号。2005年,重庆市政府决定对江北城进行整体拆迁开发,建江北嘴中央商务区,江北德肋撒堂在江北嘴中央商务区中央公园内照文物原样按比例放大保护性迁建,2008年5月10日德肋撒堂正式移交给江北区天主教爱国会。

清咸丰五年(1855年),李方济神父购民房(名博济堂)作为教堂。于清光绪七年(1881年)重新修建。迁建前的江北德肋撒堂,是民国十六年(1927年)十月二十四日重庆教区主教尚维善(法籍)发出通令号召教友捐资修建的,落成于1928年,教堂奉圣女德肋撒为主保,故名"德肋撒堂"。

1988年12月,经江北区人民政府确定为区级文物保护单位。迁建后的德肋撒堂是重庆市标志性建筑之一,也是重庆市对外交流的重要窗口(涉外教堂)。

德肋撒堂

四、梁沱水观音

梁沱水观音位于大剧院与朝天门大桥之间的长江边,这里也被称作打鱼湾。这里常年会有几艘打鱼船停靠,这里曾经也是一个渡口。离这里不远的问

津门就是因为很多过河的人要在这里询问渡口的位置而得名。水观音造像始建于清代，坐西朝东，造像为圆雕观世音菩萨，头戴花冠，面部恬静，赤足立于莲台，右手平胸持一拂尘，左手下垂。当地信众自发组织修建了遮雨通廊以减少风雨对造像的侵蚀。水观音屹立江边，多年来一直护佑着江上船夫渔民的安全。

梁沱水观音

五、"忠信涉波涛"题刻

"忠信涉波涛"题刻位于梁沱水观音旁边的石壁上，该字题刻于清代，与旁边的梁沱水观音相呼应，提醒船夫渔民，只要忠义诚信就会得到菩萨的保佑，平安涉过任何的凶险波涛。"忠信涉波涛"取自唐朝著名边塞诗人高适的《送柴司户充刘卿判官之岭外》：

岭外资雄镇，朝端宠节旄。
月卿临幕府，星使出词曹。
海对羊城阔，山连象郡高。
风霜驱瘴疠，忠信涉波涛。
别恨随流水，交情脱宝刀。
有才无不适，行矣莫徒劳。

"忠信涉波涛"题刻

六、东升门

东升门是江北城东边的城门,应该是最早看到太阳从东方升起的城门,故称"东升门"。东升门当年是相当雄伟壮实的,城门是券顶双拱门,宽约4米,高3.8米,厚6.8米。然而现在东升门内侧已封,外侧地面也已抬高,安装了铁门,不但看不出任何雄伟的痕迹,甚至和普通的防空洞没有什么两样。

东升门

学生实践活动

寻访明玉珍睿陵、保定门、测候亭。

活动目的

1.参观重庆境内唯一的皇陵。

2.参观江北城残存的城门——保定门。

3.参观重庆最早的气象观测机构。

活动准备

1.搜集明玉珍的相关史料。

2.搜集江北城的相关历史资料。

活动实施流程

1.制订活动计划。

2.分组并确定各组承担的具体任务。

小组编号	组长	成员	任务分工
（1）			搜集资料
（2）			提前踩点确定路线
（3）			摄影摄像
（4）			现场采访
（5）			总结整理

3.实地寻访。

4.总结整理。

收获与体会

◎ 通过这次活动,我认识了元末明初农民起义领袖明玉珍……

◎

反思与延伸

1. 今天的重庆还有其他与明玉珍有关的历史遗存?
2. 测候亭在抗战时期有何贡献?
3. 朱元璋为什么将明玉珍后人遣送到高丽(今朝鲜半岛)?

江北城周边古迹遗址群(绘图:林琳)

第十六讲

白象街周边古迹遗址群

白象街位于望龙门和太平门之间，街长约425米，宽不到10米。相传，这段城墙边原来有一巨石，像一头象，取名白象。白象在北岸，而南岸又有狮子山，于是就有"青狮白象锁大江"的说法，后来人们又在慈云寺山门外和白象街口分别塑了青狮和白象，祈求锁住重庆城的财富，不随江水东流。辛亥革命之前，重庆城中心在下半城，也就是现望龙门、太平门那一带。于是，那"白象"附近就形成街道，因这"白象"就叫白象街了。

白象街口的白象　　　　　　　　慈云寺山门外的青狮

望龙门其实并不是一个城门，是因为在这个地方正好可以远远望见长江对面的龙门皓月景点，故名"望龙门"。这里还有一个城门叫太安门，是个闭门，不能供人通行。那时，人们进出，只有走东水门或者太平门。白象街东北接望龙门,西南接太平门,又靠近官府衙门。随着重庆水运交通的发展,商贾船家运货来到重庆,少不了要和官府打交道,于是在那一带就修起了不少货栈、商行,白象街也就日益繁荣。1891年,重庆开埠后,外国商人被限制在南岸,不经许可不能到城里来。但外国商人又不能不办事,于是就有了买办。白象街在太平门内,靠近官府,于是就被各种买办、商行当作办事处驻地。因此,白象街就有了重庆城最早的洋房。那些洋房又吸收了中国传统建筑的一些优点,例如大多都采用了花格门窗,雕刻镂空,相当精致。在相当一个时期内,白象街都是重庆城建筑最豪华的街道。

现在,白象街片区正进行升级改造,未来将打造成融历史文化与现代商业于一身的重庆城市地标。这一区域现存的历史遗迹有江全泰号旧址、药材公会旧址、李耀庭公馆——卜凤居、望龙门缆车旧址、国民政府军事委员会外事局旧址、国民政府军事委员会礼堂旧址、中国民主建国会成立旧址、重庆海关监督公署旧址、私立兴华小学旧址、重庆反省院旧址、重庆海关报关行旧址、巴县衙门旧址、宋代衙署遗址、国民党(左派)四川省党部旧址、中共重庆地方工作委员会旧址等。

一、江全泰号旧址

江全泰号旧址位于重庆市渝中区白象街142号,是重庆开埠时期典型中西合璧风格建筑。房屋高四层,中轴对称,砖木结构,正立面每层开有4个大窗,内部木质门窗及雕花窗格、小楼辐、木楼板及小楼梯基本完好。每层有砖砌花式线脚,窗框用三线砖砌成弧形窗拱,2-4层窗台做有砖砌倒锥形装饰线脚,屋顶有砖砌火焰状尖拱,两座砖砌尖拱之间有一宽大的露台。各种砖砌形式的组合变化,丰富美化了建筑立面。20世纪20年代,此房为"江全泰"号口所有,1927年7月转卖给"宏裕"号口。1932年7月,宏裕号倒闭,债主"志诚钱庄"诉请巴县法院扣押、拍卖房屋,由杨芷芳以9600元买价购得。20世纪二三十年代,由于重庆海关和报关行设在白象街,在渝外资轮船公司几乎都在白象街设有办事机构,如英商的怡和、太古,日商的日清,美商的捷江、大来等轮船公司。美商大来洋行是20世纪二三十年代航行于长江的主要外商轮船公司之一,曾租用此房作为办事处。2008年,被列入重庆市优秀近现代建筑。2009年12月,被公布为重庆市文物保护单位。

江全泰号旧址

二、药材公会旧址

药材公会旧址位于融创白象街楼盘售楼处，建于1926年，整栋建筑中西合璧。巴洛克建筑风格，主体建筑共三层楼，并设一个阁楼，建筑整体左右对称，气势沉稳，大楼外观装饰则以浮雕为主，所有的门窗、立柱都有精美的浮雕。穗子形状的浮雕，几何分割的石砖，拱形轮廓，屋顶装饰带有浓重的西洋味。二楼栏杆处的排水口被雕琢成嬉戏的石狮，水可以从狮子口中排出，构思巧妙，形态生动。欧式罗马立柱上刻有中式风格的花草浮雕纹样，全部取材于人们生活中常见的各式中药材。

在重庆民谣《城门歌》里，关于储奇门是这样描述的："储奇门，药材帮，医治百病。"重庆有着便利的水路交通，自古储奇门便成为川、陕、云、贵等省山货药材汇集和转运出口之地。过去药材商人为了沟通商情和维护药材商的共同利益，便组织了各类药材帮。重庆开埠之后，外来药商越来越多，到了民国初年，根据药材品种和药商祖籍分类，重庆建立了药材十三帮，当时在重庆经营药材的商家就达到数百家之多。

药材公会旧址

1926年6月,为了更好地对药材市场进行管理,在储奇门正式成立重庆药材同业公会,并兴建该建筑为会所。

三、李耀庭公馆——卜(bǔ)凤居

李耀庭公馆位于太平门和人和门之间,是一座中西合璧的小楼,建于清末,坐南朝北,正对着长江。正面是三层,背面是四层,错落有致。建筑面积1003.88平方米,占地面积250.97平方米。整座建筑形态似"船"形,砖木青瓦是中式结构,而圆弧形的墙角又是西式风格,"这种中西合璧的建筑风格,在开埠时期比较多"。中式石朝门上阴刻着"卜凤居"三个大字。"卜凤"是什么意思呢?据记载,春秋齐懿仲想把女儿嫁给陈敬仲,占卜时得到"凤凰于飞,和鸣锵锵"等吉语。后因以"卜凤"为择婿的典故。但各种资料只提到李耀庭育有三子,均未提及李耀庭的女儿,到底为谁择婿还有待考证。

李耀庭(1836—1912年),名正荣,云南恩安县(现昭通)人,是重庆商界翘楚,清末著名的金融家、爱国人士。"李耀庭自幼家境贫寒,十几岁就外出谋生。"

李耀庭公馆——卜凤居

李耀庭曾加入马帮，清咸丰六年（1856年）从军，作战勇猛，最后还被封为"荣禄大夫"。后李耀庭弃伍从商，贩卖过茶叶、食盐等，辗转认识著名的云南"钱王"、天顺祥创始人王炽。天顺祥的总号在云南，在重庆有分号。晚清年间，李耀庭由滇入渝，帮助经营天顺祥票号，多谋善贾，天顺祥经营业务蒸蒸日上，到20世纪初，天顺祥已经在全国15个省开办分号，还在中国香港、越南海防等设有机构，天顺祥成为"南帮票号"之首，他也分得巨额红利。

李耀庭

李耀庭以此为基础，逐步开办了顺昌公司、信记钱庄、烛川电灯公司、丝厂、川江轮船公司等商号和实业公司，成为西南首富。李耀庭公馆还是重庆点亮第一盏电灯的地方。清光绪三十二年（1906年），巴县绅商刘沛膏在太平门安装100千瓦直流发电机，11月25日首次向外供电，正是李耀庭70寿辰。当晚公馆内50盏电灯齐明，成为轰动一时的新鲜事。

晚年,李耀庭将公司事务交给三子李和阳打理,自己则在佛图关鹅项颈"礼园"(今鹅岭公园)休养赋闲。"礼园"是李耀庭的两个儿子为让李耀庭安享晚年,购买此地并耗银10万两建成,作为礼物送给了父亲。很多军政名人、文人学士,都是园中宾客。1912年,李耀庭以76高寿病逝于太平门卜凤居,入葬礼园鹅公包上。据说当时送葬行列从太平门出发,前头已抵达鹅岭,后面还有很多尚未起步,仪仗之盛,重庆罕见。

据说巴南区的李家沱也和李耀庭有关。当年李耀庭和他的儿子在长江边设义渡,举善事施恩百姓,百姓便称此义渡口为李家沱。

四、望龙门缆车旧址

望龙门缆车由我国著名桥梁专家茅以升等人主持设计,是中国第一条客运缆车。其工程设计采取在码头石梯上建造钢筋混凝土栈桥,桥上铺轨,轨上行车,车用缆牵,缆用机挽,电力驱动,往复运行。缆车轨道为鱼腹式设计,上下方向运行的缆车在鱼腹处错车,节约了上下行各修一条轨道的资源。缆车道全长178米,上下高差46.9米,备有客车车厢2节,每节载客50人。

正在沿陡坡道行驶的望龙门缆车(绘图:欧阳桦)

望龙门缆车于1944年7月动工，1945年4月竣工，当年5月16日通车运行。缆车通车是当年轰动重庆的大事，一时万人空巷，很多重庆市民都挤到这里乘坐缆车。1987年10月，我国自行设计、制造的第二条大型跨江客运索道——重庆长江索道建成营运。沟通了渝中区上半城与南岸上新街的空中营运道路，望龙门码头到龙门浩的过江轮渡受到一定影响。望龙门缆车也因此少了不少乘客。1993年，因修建长江滨江路，望龙门缆车停运。2009年底，被列为重庆市级文物保护单位。

望龙门缆车旧址

五、国民政府军事委员会外事局旧址

国民政府军事委员会外事局旧址原位于重庆市渝中区解放西路14号，后迁建于解放西路复旦中学旁。旧址现存房屋两栋，砖木混合结构，悬山顶，小青瓦覆顶，房屋在细部装饰上模仿巴洛克样式，大门为拱门样式，大门上开有六角形窗，每个方窗之上皆砌有砖雕窗檐。建筑内部装饰考究，门窗上皆有卷草纹雕花，室内设有壁炉，楼梯装有木质栏杆。

国民政府军事委员会外事局成立于1941年12月，直隶国民政府军事委员会，局长由商震兼任，主要负责对外军事联络，办理外籍军事人员的任聘和招待事宜，并负责外国在华军事代表与军事委员会有关部门会谈业务的联络和安排。极盛时期，该局下设有55个甲种招待所，7个乙种招待所，最多时官佐达到272人，征用的翻译有1000人，官兵1817人。

国民政府军事委员会外事局旧址

六、国民政府军事委员会礼堂旧址

国民政府军事委员会礼堂旧址位于重庆市渝中区解放西路66号（原《重庆日报》报社大院内）。礼堂为砖木混合结构建筑，坐北朝南，屋内正中为一大型讲台，两边各有8个小间，建筑面积592.69平方米。礼堂主体建筑的两边还有两个对称的圆弧顶拱门，后被拆除。

国民政府军事委员会礼堂旧址

抗战时期的国民政府军事委员会礼堂

1945年9月4日下午,毛泽东、周恩来等出席了蒋介石在此举行的庆祝抗战胜利茶会,并和蒋介石进行了单独交谈。9月18日下午4点,国民参政会在礼堂举行在渝参政员茶会,纪念"九一八",毛泽东、周恩来等中共中央领导应邀出席。10月8日,国民政府军事委员会政治部主任张治中在这里举行盛大宴会,毛泽东发表了"关于国共商谈、和平统一,建设好新中国"的热情致辞。

七、中国民主建国会成立旧址

中国民主建国会成立旧址即原西南实业大厦,位于白象街传统风貌街区,解放东路路边,是2015年按照原址、原貌、原面积复建的。

西南实业大厦,被称为"民建摇篮",这里是中国民主建国会的诞生地。1945年11月28日,民主建国会筹备会议在迁川工厂联合会举行,推举黄炎培、胡厥文、章乃器、胡西园等为筹备干事,并于12月通过了章乃器起草的《民主建国会成立宣言》。经过紧张的筹备,134人参加了民主建国会的发起签名。其中,民族工商业者、金融界代表人物占了一半,另一半则是与工商界有密切关联的文教界中的上层知识分子、经济工作者,还有少数共产党员。

1945年12月16日下午,中国民主建国会成立大会在西南实业大厦举行。自此,中国民主建国会宣告诞生。

中国民主建国会成立旧址

八、重庆海关监督公署旧址

重庆海关监督公署旧址位于解放东路鼓楼人和街小学对面。1890年3月31日,清政府与英国签订了《新订烟台条约续增专条》,承认重庆对外开埠。1891年3月1日,重庆海关成立,重庆海关税务司由中国海关总税务司赫德推选时任宜昌海关税务司的好博逊(H.E.Hobson)担任。海关设海关监督公署,首任重庆海关监督由川东道台张华奎兼任。重庆海关监督公署初设朝天门顺城街糖帮公所,1905年迁到太平门顺城街(现址)。旧址建筑为砖木结构,折衷主义风格,3层高,内有2个天井,大门八字开,门上有醒目的灰塑吉祥纹饰。

重庆海关监督公署旧址

学生实践活动

行走白象街,寻找白象街片区的文物古迹。

活动目的

1. 感受白象街昔日的繁华。
2. 了解文物古迹背后的历史。

活动准备

1. 搜集白象街的相关历史资料。
2. 搜集"青狮白象锁大江"的相关传说。

活动实施流程

1. 制订活动计划。
2. 分组并确定各组承担的具体任务。

小组编号	组长	成员	任务分工
（1）			搜集资料
（2）			提前踩点确定路线
（3）			摄影摄像
（4）			现场采访
（5）			总结整理

3. 实地寻访。
4. 总结整理。

收获与体会

◎通过这次活动,我第一次听到了"青狮白象锁大江"的传说……

◎

反思与延伸

1. 白象街为什么成为当时富人聚居的地方?

2. 慈云寺前的青狮为什么躲在滨江路和慈云寺之间不起眼的角落里?

3. 你对打造白象街历史文化风貌街区有什么建议?

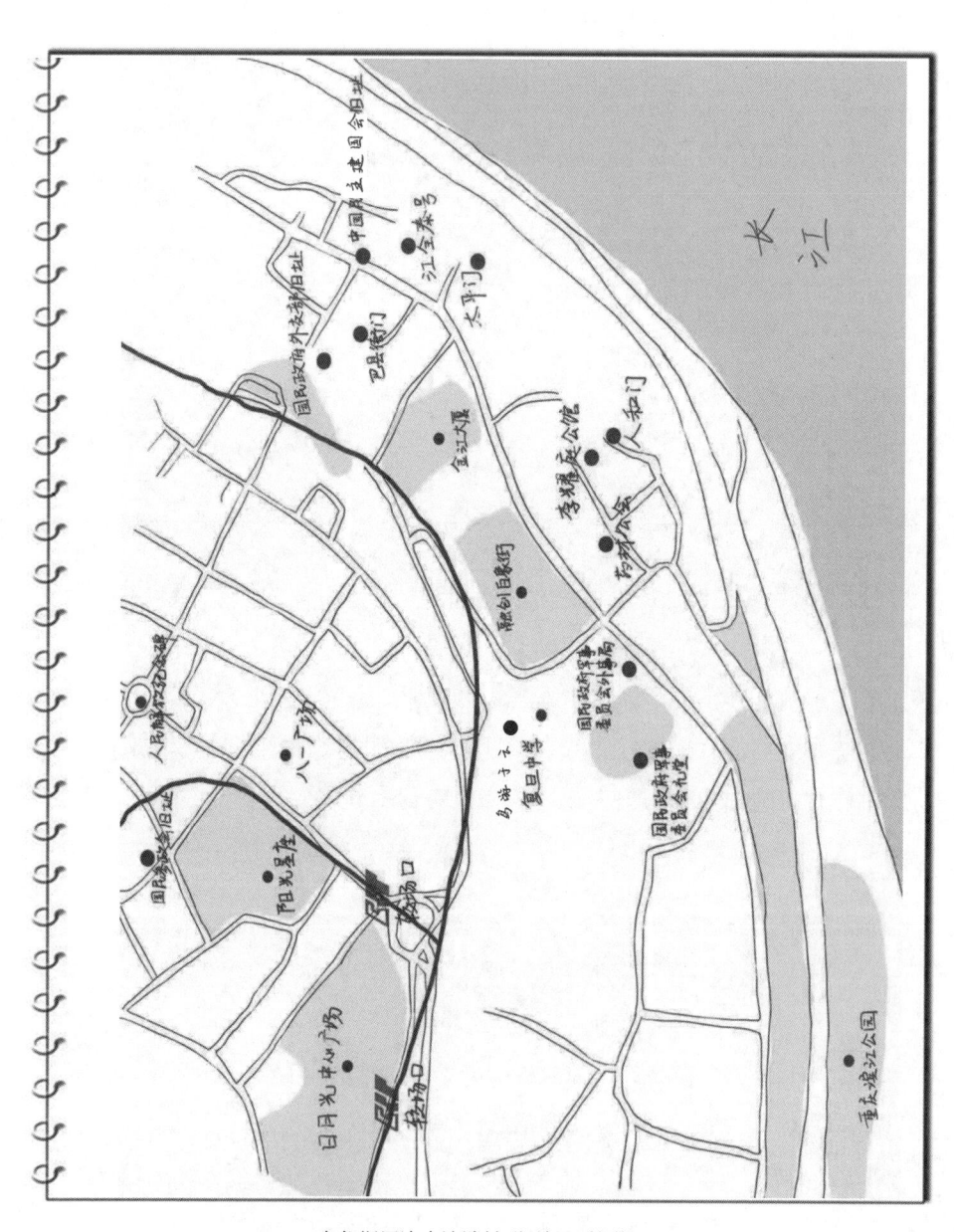

白象街周边古迹遗址群（绘图：林琳）

重庆古迹遗址寻踪

第五篇

红色遗迹

第十七讲
重庆中共党组织早期革命遗迹

　　1920年8月27日,邓小平、周贡植、冉钧等83名重庆留法勤工俭学预备学校的学生在渝起航,赴法追寻救国救民的真理。随后几年,留日归国的杨闇公在重庆结识了吴玉章,在不知中国共产党已经成立的情况下,他们于1924年1月创立了"中国青年共产党"。1925年,在确知中共存在并与中共中央取得联系后,吴玉章、杨闇公主动宣布解散中国青年共产党,率先以个人名义加入中国共产党。

　　1926年1月,重庆最早的中共党组织之一——中共重庆支部在中法学校成立,冉钧任书记,周贡植、缪云淑任支部委员,杨闇公、吴玉章、童庸生等人任支部成员。1926年2月,重庆建立领导全川革命的核心——中共重庆地方执行委员会(简称"中共重庆地委"),杨闇公为中共重庆地委书记,冉钧负责组织,吴玉章负责宣传。杨闇公、冉钧、吴玉章当选为执行委员,程秉渊、李嘉仲为候补委员。1926年12月,中共重庆地委领导党掌握的川军部队,发动了泸顺起义。这是中国共产党力图掌握武装的一次勇敢尝试,是牵制敌人配合北伐的重大军事行动,同时也有力地推动了四川革命运动的发展,成为党在大革命时期争取改造旧军队的一个范例。

　　1927年春,川渝地区已有20多个县建立农民协会,会员达到3万多人。綦江、南川、涪陵等地建立了农民武装,成为当时四川农民运动最为发达的地区,农民抗捐、减租斗争开展得轰轰烈烈。然而,正当革命进行得如火如荼之时,

1927年3月31日,四川军阀刘湘勾结蒋介石制造了"三三一"惨案,武装残酷镇压重庆各界人民群众在通远门打枪坝举行的反帝爱国集会,造成300多人死亡,重伤七八百人。4月1日,冉钧遭枪杀。4月6日,杨闇公在经历严刑拷打后壮烈牺牲。自此,党在重庆的活动完全转入地下。本讲重点讲述这一时期重庆境内几处珍贵的革命历史遗存:中共重庆地方执行委员会旧址、六店子刘伯承元帅旧居、周贡植故居、冉钧烈士纪念碑、"三三一"惨案群葬墓地、李蔚如烈士陵园。

一、中共重庆地方执行委员会旧址

中共重庆地方执行委员会旧址位于二府衙街70号(现19号),原是杨闇公旧居,是其父亲杨淮清先生的产业。1926年2月,中共重庆地方执行委员会在此正式成立。当时,中共重庆地委不仅领导重庆地区党的工作,还受中共中央委托,统一领导全川党组织,是全川革命运动的核心。朱德、刘伯承、吴玉章、萧楚女等都常到这里活动。

中共重庆地方执行委员会旧址

中共重庆地方执行委员会设组织部、宣传部、工人运动委员会、妇女运动委员会、学习委员会。重庆地委直属中共中央领导,管理四川省的党组织。1926年3月,鉴于四川省未设团区委,共青团中央指示四川省各团地委、特支与团重庆地委发生密切联系。于是,团重庆地委向四川各地团组织发出通知,传达团中央指示。此后四川各团地委、特支除继续向团中央报告工作、接受领导外,还要向团重庆地委报告工作,接受领导。11月,根据中央指示,中共重庆地委成立军事委员会,以杨闇公、朱德、刘伯承三人为委员,杨闇公兼任书记。1927年4月,冉钧、杨闇公等领导人先后遇害,重庆地委遭到破坏。同月,钟孟侠、刘成辉、任白戈组成重庆临时地委,钟孟侠、刘成辉赴汉口向中央报告工作,临时地委由任白戈、詹正圣、黄中元负责。7月,根据中央政治局常委会议决定成立中共四川临时省委。

二、六店子刘伯承元帅旧居

六店子刘伯承元帅旧居位于高新区石桥铺烟灯山公园内,是刘伯承同志早期从事革命活动的地方。1924年,刘伯承购置了这栋民居,将其作为秘密从事革命活动的场所。1926年11月,根据中共中央指示,杨闇公、朱德、刘伯承等老一辈革命家在此成立了中共重庆地委军事委员会,研究确定了泸顺起义的方针、策略和作战计划。

六店子刘伯承元帅旧居

1926年12月1日和3日,泸州、顺庆起义先后爆发,起义部队很快占领泸、顺两城,但最终在四川军阀的镇压下失败。泸顺起义是中国共产党人独立掌握革命武装举行起义的一次尝试,为中国共产党独立开展武装斗争、创建人民军队积累了宝贵经验,为八一南昌起义准备了重要的干部。六店子刘伯承元帅旧居,展示了泸顺起义策划、实施的全过程,对加强党史、军史研究,加强革命传统教育,激发广大人民群众特别是青少年的爱国热情,具有十分重要的意义。

三、周贡植故居

周贡植故居位于重庆市九龙坡区铜罐驿镇陡石塔村。周贡植故居是一处坐北朝南的四合院落,房屋主体面积1100多平方米,由中、东、西三院组成,分别为初心堂、忠心堂、赤心堂,青瓦白墙,端庄大气。

周贡植故居大门

周贡植故居内景    周贡植雕像

1927年,国民党反动派在重庆制造了"三三一"惨案,杨闇公、冉钧等中共重庆地委负责人壮烈牺牲。当年7月,中共中央派傅烈、周贡植等入川。8月12日,在重庆建立中共四川临时省委,傅烈任省委书记,周贡植任省委秘书长兼组织部长,重新恢复了被破坏的四川党的领导机关,工农群众运动亦逐渐开展起来。

1928年2月10—15日,在铜罐驿周贡植家里,中共四川临时省委召开扩大会议,正式成立四川省委。这次会议通过了《政治任务决议案》《组织问题决议案》等文件,制定了武装反抗国民党军阀统治的《春荒四川暴动行动大纲》,提高了中国共产党在人民群众中的威信,全省地下党组织活动更加蓬勃开展起来。

1928年3月9日,周贡植与傅烈等在重庆不幸被捕,4月3日在朝天门壮烈牺牲,周贡植年仅29岁。

四、冉钧烈士纪念碑

冉钧烈士纪念碑位于重庆市江津区双福街道滴水村1社津福小学南50米。

冉钧(1899—1927年),原名高镒,化名浩然,四川省江津双福(今属重庆市江津区)人,重庆和四川地区共产主义运动先驱者,重庆早期党组织负责人之一。

幼时在江津读书,1913年随母亲来到重庆南岸定居。1919年,考取重庆留法勤工俭学预备学校。1920年8月,与周贡植、邓小平等一道赴法勤工俭学。在法国勤工俭学期间,经李立三、聂荣臻等人的介绍,加入中国社会主义青年团。1923年转为中国共产党党员。

冉钧烈士纪念碑 　　　　　　　　冉钧烈士

1924年9月,冉钧与聂荣臻、李富春等旅欧支部第三批人员赴苏联莫斯科东方大学学习。1925年夏天回国后,参与创办重庆中法学校;协助吴玉章等人改组整顿国民党四川省临时执委会,开展统战工作。1925年9月,重庆中法学校开学后,与周贡植等人创建了中共重庆支部,任支部书记。1926年2月,与杨

阁公、吴玉章等人筹建中共重庆地委,任负责组织的执委(组织部长)。1926年12月1日,与刘伯承、朱德、陈毅等人策划组织泸顺起义。1927年3月31日,"三三一"惨案发生,他在工人纠察队和革命群众的掩护下,从惨案现场脱险。当夜,为了通知幸存的同志转移和销毁党的重要文件,他冒着生命危险回到住所。次日上午9时,他去找中共重庆地委书记杨阁公研究"三三一"惨案的善后工作,途经七星岗天主教堂时,被刘湘手下的便衣特务认出,随即被枪杀,牺牲时年仅28岁。

五、"三三一"惨案群葬墓地

"三三一"惨案群葬墓地位于江北区建新东路98-4号。墓地中央矗立着一座枣红色的大理石纪念碑,碑体前方是一个母亲怀抱死去孩子的铜像。这座纪念碑碑体高9米,宽3米,厚0.6米。碑体背面刻有时任中央军委副主席杨尚昆题写的碑名:"三三一"惨案死难志士群葬墓地。碑体背面下方青石底座上刻着"三三一"惨案部分死难志士英名录。

"三三一"惨案群葬墓地

1927年3月24日,北伐军攻占南京,群众集会庆祝。英、美帝国主义为支持北洋军阀,阻挠北伐军,炮轰南京,死伤群众两千余人。消息传到重庆,在中国共产党重庆地委的领导下,由重庆工农商学兵反英大同盟发起,于3月31日在打枪坝举行"重庆各界反对英美炮轰南京市民大会"。蒋介石为了阻止大会召开,与四川军阀刘湘勾结,对与会群众进行血腥镇压,造成300多人死亡,重伤七八百人。这就是"三三一"大惨案。

1987年"三三一"纪念日前,纪念碑落成。在落成典礼上,时任中央军委副主席杨尚昆为纪念碑剪彩。

六、李蔚如烈士陵园

李蔚如烈士陵园位于涪陵区大顺乡大顺村大顺路66号,陵园占地6660平方米。2010年,被确定为重庆市级文物保护单位。

李蔚如墓为土冢墓,直径5.5米。纪念碑呈六棱形,高7.65米,自下而上逐渐收缩,碑文阴刻楷书"革命烈士李蔚如同志之墓"。碑下有三层基座,由大至小垒砌。陵墓周边原为条石堆砌为石坝,墓两侧建有陈列室,周边有围墙保护陵园。

李蔚如烈士陵园大门

李蔚如烈士生平

李蔚如(1883—1927年),字郁生,号鸿钧,涪州(今重庆市涪陵区大顺镇)人。1906年加入中国同盟会。1908年8月,奉孙中山之命,回四川视察中国同盟会工作,与同学高亚衡等宣传革命,发展组织,建立同盟会据点,准备武装起义,后因事机不密,遭重庆知府耿保揆通缉,被迫流亡出川,到上海、广州等地宣传革命。1911年,广州黄花岗起义失败后,李蔚如返回四川,在重庆任体育教习,秘密组织学生军、炸弹队。同年11月22日,中国同盟会在重庆发动起义,夏之时率军入城受阻,率学生军配合起义军迎接夏军入城,并捕捉清朝官吏钮传善、段荣嘉,威逼其剪发、交印。蜀军政府成立后,被派回涪陵,任涪陵军政府司令。1912年,任熊克武师参谋兼重庆镇守使参谋。

李蔚如烈士之墓 　　　　　　　　　　李蔚如烈士雕像

1913年夏,李蔚如积极参加熊克武、杨庶堪等人领导的讨袁斗争。四川讨袁军失败后,李蔚如、熊克武、李庶堪等遭袁世凯通缉,先后走出四川,李蔚如再次赴日本学习军事。1914年加入中华革命党。1915年,护国讨袁战争开始,李蔚如同熊克武回到昆明,参加蔡锷领导的护国军起义,随同云南护国军一支队入川。他们一边作战,一边召集流散的川军旧部,扩大队伍。1916年2月,四川招讨军成立,熊克武任司令,李蔚如任参谋长兼成都讲武堂堂长,主持练军,整顿军队和参与改革币制。从1917年起,四川开始军阀混战。连年的军阀混战,给人民带来极大的灾难,这使他非常痛心,决心引退田园,不顾熊克武再三挽留,毅然回到故乡涪陵大顺场。

1926年夏,李蔚如加入中国共产党,积极开展四镇乡农民运动。1927年1月,四镇乡农民武装改编农民自卫军,农民武装力量迅速壮大。7月2日,涪陵驻军二十军师长郭汝栋(李蔚如的学生)派人送信与李蔚如,诡称:"刘湘进犯四镇乡,实欲一并消灭淞云(郭汝栋号)部队,淞云惟有追随老师坚持抵抗。"农民接信后,认为郭、刘(湘)近月接触频繁,有相互勾结的迹象,提防有诈,要求李蔚如不要亲自前往。李蔚如认为,刘军压境,敌众我寡,形势危急,即使共同御敌不成,也可争取郭汝栋保持中立,消除我军腹背受敌之险。7月3日,他不顾个人安危,率领快枪排40多人向同乐镇出发,当行至同乐镇石垭村时,警卫人员被郭军所阻,李蔚如遭诱捕,关押在同乐镇一庙里。敌人当即设庭审讯,问:"为何参加共产党?"李蔚如自豪地回答:"四川有几个配当共产党,我得为共产党虽死犹生。"7月5日,许尧卿将李蔚如押往重庆,王陵基等自知李在川军中威信极高,恐进城有变,则阻止将李蔚如押入市区,在刘湘的授意下,7月8日将李蔚如杀害于重庆黄桷垭。

学生实践活动

寻访中共重庆地方执行委员会旧址。

活动目的

1.通过寻访中共重庆地方执行委员会旧址,了解重庆党组织成立初期艰苦卓绝的斗争历史。

2.学习革命先烈为国为民、不怕牺牲的大无畏精神,树立为人民服务、报效祖国的远大志向。

3.了解第一次国共合作以及最终失败的历史,树立统一祖国的坚定信心。

活动准备

1.搜集杨闇公及其家族成员参加革命的相关史料。

2.搜集大革命时期重庆党组织发展壮大和进行革命斗争的历史资料。

活动实施流程

1.制订活动计划。

2.分组并确定各组承担的具体任务。

小组编号	组长	成员	任务分工
（1）			搜集资料
（2）			提前踩点确定路线
（3）			摄影摄像
（4）			现场采访
（5）			总结整理

3.实地寻访。

4.总结整理。

收获与体会

◎通过这次活动,我了解了大革命时期重庆党组织……

◎

反思与延伸

1.为什么重庆的共产党组织成立比较晚？

2.为什么说泸顺起义是南昌起义的一次预演？

3.李蔚如是如何完成从辛亥功臣到中共党员的蜕变？

第十八讲

重庆红岩革命遗址遗迹

抗战时期,重庆是中国战时首都,世界反法西斯战争东方战场的指挥中心,中国共产党倡导的、以国共两党合作为基础抗日民族统一战线的重要政治舞台。红岩,是中共中央南方局暨八路军驻重庆办事处所在地,地处重庆市渝中区化龙桥,在抗战时期距离市区10里郊外,原名红岩嘴,因地质属于丹霞地貌、岩石呈红色而得名"红岩",是当时进步人士饶国模老太太开办的一个农场(后来董必武题词为"大有农场")。

饶国模,1895年生于四川大足县(今重庆大足)一个书香门第之家,是被誉为中华民国开国元勋的黄花岗七十二烈士之一饶国梁之胞妹。1912年,考入成都益州女子师范学校。1915年,毕业并与同学刘国华结婚。此后到川东任小学教员。1922年,随夫携子到重庆,因不愿在家当官太太而创办三友实业社,成为重庆著名的女实业家。1930年,买下郊外红岩嘴的土地开办农场。1938年,任重庆妇女慰劳会的劳动部长。1939年,将红岩村的土地、房屋提供给八路军办事处(中共中央南方局),为掩护党的工作作出重大贡献。1948年初,曾被中共重庆地下党批准为秘密党员(后失去关系)。1949年重庆解放后,被任命为西南军政委员会监察委员。1954年,当选第二届全国政协委员,迁居北京。1960年,因脑出血去世。在中国革命史上,重庆红岩村成为八路军办事处而扬名天下,当地女房东功不可没。邓颖超曾说过:"没有饶国模,哪里有红岩。"

1937年7月7日,中国抗日战争全面爆发。随着日军的疯狂侵略,1937年11月,国民政府及国家机关企事业单位被迫内迁山城重庆,重庆一跃而为国民政府的战时首都。为巩固抗日大局,1938年秋,中共决定撤销中共中央长江局,成立中共中央南方局。1939年1月16日,根据党中央六届六中全会的决定,以周恩来为书记的中共中央南方局正式成立,机关秘密设在国共合作的公开机关八路军驻重庆办事处内,地址在重庆市机房街70号和棉花街30号,同时以周恩来的名义租下了曾家岩50号(后来的周公馆)大部分房屋作为部分人员的办公、住宿用房,代表中央全面领导四川、云南、贵州、湖北、湖南、广东、广西、江苏、江西、福建以及香港、澳门等地区的党组织,10万多名党员。

以周恩来为书记的中共中央南方局共有6名常委、13名委员:周恩来(常委、书记)、博古(常委)、凯丰(常委)、吴克坚(常委)、叶剑英(常委)、董必武(常委)、张文彬(委员)、徐特立(委员)、吴玉章(委员)、廖承志(委员)、邓颖超(委员)、刘晓(委员)、高文华(委员)。

南方局成立不久,为了躲避日机轰炸和开展实际工作的需要,周恩来指示另觅地址建立机关,于是找到了距离市区10里地的红岩嘴农场。农场主饶国模开明进步,欣然答应将土地让给办事处建房。在南方局机关驻地建设过程中,机房街70号和棉花街30号房屋被日机炸毁。7月,南方局机关随八路军办事处一同入驻红岩嘴13号,直至1946年撤离重庆。

在全面抗战时期,以周恩来为首的中共中央南方局共产党人积极发展和壮大抗日民族统一战线,在政治、军事、统战、经济、文化、外事等方面创造性开展工作,为争取抗战胜利和新中国成立作出了卓越贡献,从而培育和形成了伟大的红岩精神。

抗战胜利后,在重要历史转折关头,毛泽东怀着弥天大勇,亲赴重庆,率领中共代表团与蒋介石国民党政府开展和平谈判,同时广泛开展统一战线工作,进一步丰富和发展了红岩精神。解放战争时期,以江竹筠、陈然、王朴等为代表的关押在歌乐山的共产党人和革命志士,在狱中与敌人开展坚决斗争,用鲜血和生命谱写了一首首英雄赞歌,给党组织留下了"狱中八条"血泪嘱托,进一步锻造和凝结成了红岩精神。1985年,邓颖超重返红岩,提笔写下"红岩精神,永放光芒"八个大字,第一次正式提出"红岩精神"。

本讲选取如下几个红岩文化革命遗迹介绍给大家:中共中央南方局暨八路军驻重庆办事处旧址(红岩村)、渣滓洞看守所旧址、白公馆看守所旧址、华子良(韩子栋)脱险处、新华日报总馆与营业部旧址、《挺进报》报社旧址、中共代表团驻地旧址。

一、中共中央南方局暨八路军驻重庆办事处旧址(红岩村)

红岩嘴13号中共中央南方局暨八路军驻重庆办事处旧址，坐落在重庆市化龙桥龙隐路红岩嘴13号。该楼占地面积501平方米，建筑面积1186平方米，整栋楼房为土木穿斗式结构，是公开机关八路军驻重庆办事处和秘密的南方局机关办公驻地。老一辈无产阶级革命家毛泽东、周恩来、董必武、叶剑英等都在此办公住宿过。

中共中央南方局暨八路军驻重庆办事处旧址

1939年初，中共中央南方局暨八路军驻重庆办事处在重庆成立，最初将办公地设在城内的机房街70号。但是由于城内住房不够使用，加上日机轰炸，很不安全，因此，周恩来到重庆后指示在城区近郊另觅新址，在地下党的帮助下选中了饶国模的"大有农场"，饶国模"欣然延纳"并当即划出地皮供中共修建办公住宿大楼。一楼为公开机关八路军驻重庆办事处，"皖南事变"以前，这里也是新四军驻重庆办事处。办事处下属的经理科、文书科、总务科、交通运输科和警卫班等机构都设在这里。

二、渣滓洞看守所旧址

渣滓洞原来是人工开采的小煤窑，因出产的煤质量不好，渣多煤少而得名。渣滓洞三面环山，一面临沟，地势十分险峻而且非常隐蔽。1943年，军统霸占渣滓洞煤窑,并将其改设为看守所。看守所分为内外两院,由外院刑讯室和特务办公室所组成,内院一楼一底16间房间为男牢,另有2间平房为女牢。1947年4月,看守所曾一度关闭,同年12月又重新开始关押犯人。看守所外院墙上写有用来"同化"特务的标语——"长官看不到想不到听不到做不到的,我们要替长官看到想到听到做到","命令重于生命,工作岗位就是家庭",以及国民党党员守则。内院墙上写有用来"分化"瓦解革命者意志的标语——"青春一去不复还,细细想想,认明此时与此地,切勿执迷","迷津无边,回头是岸,宁静忍耐,毋怨毋尤",等等。

渣滓洞看守所旧址

渣滓洞关押的主要是因为《挺进报》事件、六·一学潮、川东武装起义以及小民革案被捕的政治犯,如《红岩》小说中江姐的人物原型江竹筠,关押人数最多时达300多人。

1949年11月27日,国民党特务在溃逃前夕策划了震惊中外的大屠杀,仅有15人脱险。

江竹筠生平

江竹筠(1920—1949年),原名竹君,曾用名江志炜,四川省自贡市人。

江竹筠出生于一个农民家庭。为生活所迫,幼年的江竹筠跟着母亲到重庆投奔舅舅李义铭(李义铭曾于1935年在渝中区观音岩创办民营义林医院,就是后来的重庆市中山医院)。江竹筠先在一家织袜厂做了近三年的童工,后舅舅李义铭送江竹筠进入重庆市私立孤儿院小学(位于现在的渝中区人和街)读书。江竹筠勤奋刻苦、成绩出众,只用三年半就完成了小学的全部课程。

小学毕业后,江竹筠以优异的成绩先后考入重庆南岸中学、吴淞中国公学附中。1939年的一个夏日,就读于吴淞中国公学附中的江竹筠,在学校附近幽静的竹林里,在支部书记李培根和校党支部委员戴克宇的介绍和见证下,秘密加入了中国共产党。

1943年,党组织安排她为当时中共重庆市委领导人之一的彭咏梧当助手,做通信联络工作。同时,他俩扮作夫妻,组成一个"家庭",作为重庆市委的秘密机关和地下党组织整风学习的指导中心。1945年,江竹筠与彭咏梧正式结婚,后生下二人唯一的儿子彭云(巴蜀中学校友)。

1947年,江竹筠受中共重庆市委的指派,负责组织大中学校的学生与国民党反动派进行英勇斗争。在丈夫彭咏梧的直接领导下,江竹筠还担任了中共重庆市委地下刊物《挺进报》的联络和组织发行工作。这一年,川东党组织开始把工作重点转向农村武装斗争,彭咏梧奉上级指示赴川东领导武装斗争,任中共川东临时委员会委员兼下川东地方工作委员会副书记。江竹筠以中共川东临委及下川东地委联络员的身份和丈夫一起奔赴斗争最前线。

1948年,彭咏梧在组织武装暴动时不幸牺牲,江竹筠强忍悲痛,毅然接替丈夫的工作。1948年6月14日,由于叛徒的出卖,江竹筠不幸在万县(今万州区)被捕,被关押在重庆渣滓洞监狱。国民党军统特务用尽各种酷刑:老虎凳、吊索、带刺的钢鞭、撬杠、电刑……甚至残酷地将竹签钉进她的十指,妄想从这个年轻的女共产党员身上打开缺口,破获地下党组织。面对敌人的严刑拷打,江竹筠始终坚贞不屈,"你们可以打断我的手,杀我的头,要组织是没有的","毒刑拷打,那是太小的考验。竹签子是竹子做的,共产党员的意志是钢铁!"

1949年11月14日,在重庆解放前夕,江竹筠被国民党军统特务杀害于歌乐山电台岚垭刑场,年仅29岁。

江竹筠烈士

三、白公馆看守所旧址

白公馆,原是四川军阀白驹的郊外别墅,因白驹自诩为唐代大诗人白居易的后代,便附庸风雅地用诗人的别号"香山居士"为自己的别墅取名为香山别墅,而附近的老百姓仍旧称它为"白公馆"。

白公馆看守所旧址

白公馆地处歌乐山山腰,地形险要而隐蔽。1939年,军统特务头子戴笠亲临歌乐山下选址,看中白公馆后,将其强行买下,改为军统本部的看守所。从此大门终年关闭,只留了一扇侧门供人进出。白公馆原来的十余间住房被改为牢房,一间终年不见阳光的地下储藏室改为地牢,防空洞改为专门审讯拷打革命者的刑讯洞。1943年,中美合作所成立,白公馆曾一度改为美军的第三招待所,供美军居住,抗战胜利后,又恢复成监狱。在此关押的人员都是军统特务认为级别较高、案情重大的政治犯,如中共四川省委书记罗世文、中共川西军委委员车耀先、原国民党东北五十三军副军长黄显声将军等。

1949年11月27日,军统特务将关押在白公馆的革命志士分批秘密押往松林坡,进行了疯狂大屠杀,仅19人脱险。新中国成立后,白公馆成为改造国民党战犯的管理所。1988年,白公馆被国务院定为全国重点文物保护单位。

四、华子良(韩子栋)脱险处

韩子栋脱险处位于磁器口古镇凤凰溪与嘉陵江汇合处,"华子良"几个鲜红的大字就镌刻在此处的岩壁上。

华子良(韩子栋)脱险处石刻

读过《红岩》小说的人,都不会忘记小说里"疯老头"华子良这个人物,他机智沉着,忍辱负重,带着烈士的重托,与华蓥山游击队里应外合,营救出大量被关押的革命者。而"华子良"这个人物的原型名叫韩子栋。

韩子栋(1908—1992年),山东省阳谷县人。1932年,在北平中国大学读书时参加革命。1933年,加入中国共产党,后受党委派打入国民党秘密组织三民主义力行社的外围组织复兴社,组织建立情报网。1934年,因叛徒出卖被捕入狱。被捕后,他被辗转关押于北平、南京、息烽、重庆等地。为了隐蔽自己的真实身份,在狱中,韩子栋整日神情呆滞,蓬头垢面,无论刮风下雨,他总在白公馆放风坝里小跑,特务看守认为他是被关傻关疯了,便叫他"疯老头"。他老家在山东,到重庆后人地生疏,看守们对他比较放心,常常让他随看守去磁器口镇上买东西。

1947年8月18日下午,白公馆看守卢兆春带领韩子栋到磁器口购物,在童家桥正街碰上王电(白公馆医官),二人相约去打麻将。在打麻将的过程中,韩子栋外出小便,迟迟未归,当卢兆春和王电意识到韩子栋可能脱逃时,便到江边、车站等处寻找,遍寻无果。韩子栋逃脱后,从磁器口渡过嘉陵江,经涪陵、万县、宜昌、武汉、许昌,终于在河南滑县找到了解放军,回到了党的怀抱。

新中国成立后,韩子栋曾担任中央人事部副处长、中央一机部二局副局长、贵阳市委副书记、市政协主席等职务。1992年,在贵阳病逝。

五、《新华日报》总馆与营业部旧址

《新华日报》总馆旧址位于渝中区化龙桥虎头岩村86号,占地面积约950平方米,由5栋竹木、土木结构楼房组成。建筑群依山而建,沿山势自下而上依次为医务室、职工服务区、排字房、记者办公室、铸字房、印刷编排室,最高处是社长室和总编室。在陈列馆中,还有一处封闭倒塌的防空洞。该洞是为躲避日军轰炸而挖建的。刊有周恩来"千古奇冤,江南一叶,同室操戈,相煎何急"题词的《新华日报》,就是在这个防空洞印刷的。

《新华日报》总馆旧址

《新华日报》营业部旧址

《新华日报》营业部旧址位于重庆市渝中区民生路240号,是一栋中西式砖木结构的黑色楼房,是抗日战争时期和解放战争初期中共在国民党统治区公开发行的机关报《新华日报》及《群众》周刊的营业部。

《新华日报》是抗日战争时期和解放战争初期中共在国民党统治区唯一公开出版发行的大型政治机关报,曾被毛泽东誉为"新华方面军",是统一战线舆论宣传的主要阵地,向全世界展现了共产党坚持抗战、争取民主的光辉形象,鼓舞了全国人民的抗战意志,起到了巨大的宣传教育作用。

六、《挺进报》报社旧址

《挺进报》报社旧址位于南滨路钟楼广场侧面坡地。

1947年2月28日,国民党顽固派封闭了设在重庆的中共四川省委和新华日报社,工作人员被迫撤回延安。7月,中共重庆市委根据当时地下党和进步群众渴望听到党的声音的需要,以"无名小报"为基础,出版重庆市委的地下机关报,并定名为《挺进报》。蒋一苇负责主编和刻写,陈然负责印刷,刘熔铸负责发行。印刷地点设在南岸野猫溪"中粮"公司机械厂修配车间(陈然家里)。先后由彭咏梧、李维嘉领导《挺进报》的工作。在当时充满白色恐怖的重庆,《挺进报》像一股地下热流从长江南岸把党的声音传到了学校、工厂、社会,成为川东临委和重庆市委团结群众进行反蒋斗争的有力武器,在党内和进步群众中享有很高威信。11月,《挺进报》成立特支,由刘熔铸任书记。1948年2月,刘熔铸转移,由陈然接任《挺进报》特支书记。1948年4月22日,《挺进报》因陈然被捕而停办。《挺进报》创办时间不过数月,共出版了23期,但它像插入敌人心脏的匕首,震撼了敌人,发挥了教育人民、鼓舞斗志的作用。

《挺进报》报社旧址

七、中共代表团驻地旧址

中共代表团驻地旧址位于重庆市渝中区中山三路151号,该建筑是一栋中西式砖木结构建筑,坐西向东,两楼一底,通高13米,面阔44.6米,进深10米,加上附属建筑,共占地627平方米,建筑面积1241平方米。该楼始建于20世纪40年代,抗战时期为中国银行大楼。1946年1月,周恩来率参加政治协商会议(俗称"旧政协")的中共代表团来渝,该楼即由国民政府拨给中共代表团使用。

政治协商会议于1946年1月10日至31日在重庆召开。会上,左、中、右三种政治势力展开了尖锐复杂的斗争,其焦点是军队和政权问题。中国共产党坚持必须首先实行国家民主化和军队民主化,然后才能实行军队国家化原则,粉碎了国民党企图借军队国家化和统一军令、统一政令之名来消灭人民军队和解放区的阴谋。在中国共产党的努力下,大会通过了《政府组织案》《国民大会案》

《和平建国纲领案》《军事问题案》《宪法草案》。由于这些决议在不同程度上有利于人民而不利于国民党独裁统治，因而最终被国民党统治集团撕毁。

中共代表团驻地旧址

中共代表团的周恩来、董必武、王若飞、叶剑英、陆定一、邓颖超、李维汉等同志都曾在此辛勤工作。叶挺、廖承志同志出狱的欢迎会，叶挺入党大会也都在此举行。1946年，中共代表团迁南京后，这栋房屋又成为中共四川省委工作人员的驻地。

学生实践活动

寻访《挺进报》报社旧址。

活动目的

1. 通过寻访《挺进报》报社旧址，了解重庆地下党组织在白色恐怖下与敌人英勇斗争的历史。

2. 学习红岩英烈不怕牺牲、勇于斗争的精神，树立为人民服务、报效祖国的远大志向。

3. 了解《挺进报》诞生的历史背景和产生的积极作用。

活动准备

1. 搜集《挺进报》的相关史料。

2. 搜集陈然烈士生平事迹并阅读陈然烈士的诗篇《我的"自白"书》。

⇄ 活动实施流程

1. 制订活动计划。
2. 分组并确定各组承担的具体任务。

小组编号	组长	成员	任务分工
（1）			搜集资料
（2）			提前踩点确定路线
（3）			摄影摄像
（4）			现场采访
（5）			总结整理

3. 实地寻访。
4. 总结整理。

收获与体会

◎通过这次活动,我了解了《挺进报》诞生的历史背景以及……

◎

反思与延伸

1. 华子良(韩子栋)为什么能成功脱险？

2. 在白色恐怖极其严峻的背景下,重庆地下党组织为什么坚持创办《挺进报》？

3. 红岩精神的精神内涵是什么？我们如何在学习和工作中弘扬和践行红岩精神？

参考文献

[1] 黄波,田飞,李七渝,等.寻城记·重庆[M].成都:四川文艺出版社,2007.

[2] 罗渝.失踪的上清寺[M].重庆:重庆出版社,2008.

[3] 何智亚.重庆老城[M].重庆:重庆出版社,2010.

[4] 欧阳桦.重庆近代城市建筑[M].重庆:重庆大学出版社,2010.

[5] 李波.重庆抗战遗址遗迹图文集[M].重庆:重庆大学出版社,2011.

[6] 李清中.人文历史三千年——重庆市江北区境考[M].北京:方志出版社,2009.

[7] 李波.沙坪坝文化地图[M].重庆:重庆大学出版社,2010.

[8] 孙家驷,段永刚.重庆桥谱[M].重庆:重庆大学出版社,2013.

[9] 彭伯通.古城重庆[M].重庆:重庆出版社,1981.

[10] 李正权.重庆地名杂谈[M].重庆:重庆出版社,2014.

[11] 彭伯通.重庆地名趣谈[M].重庆:重庆出版社,2001.

[12] 唐冶泽,冯庆豪.老城门[M].重庆:重庆出版社,2007.

[13] 朱俊.老街巷[M].重庆:重庆出版社,2007.

[14] 王川平.老房子[M].重庆:重庆出版社,2007.

[15]《重庆市地名词典》编辑委员会.重庆市地名词典[M].重庆:科学技术文献出版社重庆分社,1990.

[16] 杨筱.探寻陪都名人旧居[M].重庆:重庆出版社,2005.

[17] 马宣伟.杨沧白传[M].重庆:重庆出版社,2014.

[18] 李正权.九开八闭重庆城[M].重庆:重庆出版社,2018.

[19] 重庆市江北区文广新局.重庆市江北区文物集[M].重庆:重庆出版社,2012.

后记

　　从2000年出于好奇开始寻找巴蔓子墓,到2007年受《失踪的上清寺》和《寻城记·重庆》启发进入"寻古"领域,再到2012年开设这门选修课,2015年获评重庆市首批普通高中精品选修课程,直至本书编写完成,这其中有太多瞬间值得回味,有太多孤寂与彷徨,但更多的还是感动与惊喜。本书的编写初衷不是要编一部"重庆古迹、遗址大全",因为这既不现实也无必要,相关书籍已经相当丰富了,我们只希望通过本书为青少年学生打开一扇门,让他们知道居然还有这样一个既有意义又妙趣横生的"玩法",他们的身边居然还隐藏着这么多有故事、有历史的古迹和遗址。如果有部分青少年学生因为读了这本书而开始关注重庆古迹、遗址,关注文物保护,都将是对我们最大的奖赏。

　　一路走来,有太多人给予了我温暖的鼓励和帮助。首先要感谢《失踪的上清寺》的作者罗渝大哥和《寻城记·重庆》的创作团队,是你们引领我走进这个领域;其次要感谢重庆市历史文化名城专委会主任委员何智亚先生、重庆老街历史文化总群管委会主席管海严先生、重庆老街历史文化总群管委会秘书长吴元兵先生、重庆市文物考古研究院副院长袁东山先生、重庆大学建筑城规学院欧阳桦先生,以及多位赴巴蜀中学举办讲座的专家学者,是你们的大力支持使我们的选修课丰富多彩、妙趣横生。再次要感谢巴蜀中学各位领导的关心与鼓励,本书的出版离不开学校各位领导的重视与大力支持。最后要感谢那些在"寻古"路上陪伴我前行的伙伴,有重庆生活网的renyixiongxiong、多多小马、黎忠虎、草民、慕青、大段,还有老街群的各位兄弟姐妹——漂儿白、旺旺、袋鼠、山色、岁寒三友、嚎妈、夜雨秋风、夜小七、平姐……还有几位素未谋面的、执着于"寻古"开博的博主——西边那座雪山、三言一语、微笑的桔子,你们的精彩博文是我的精神食粮,在编写本书的过程中,你们的博文也是我参考的重要素材之一。

本书选用的图片大部分是主编本人拍摄的,少量由编委、朋友拍摄的都注明了拍摄者,另外还选用了一定数量的历史资料图片,但由于年代久远,拍摄者已很难查证,在此向这些历史资料图片的拍摄者致以崇高的敬意!

由于编者水平有限,加之时间仓促,错漏之处在所难免,还请广大读者朋友多多批评指正!

吴树才

2023年3月12日